健美肌肉功能图解

适用于教练员、运动员
以及其他从事体育及健康工作的专业人士

[法] FRÉDÉRIC DELAVIER · MICHAEL GUNDILL 编著

赵 静 译

山东科学技术出版社

目 录

尽管解剖学貌似困难和乏味，但学习者依然络绎不绝。本书介绍的学习方法阐述清晰，寓教于乐，可帮助学习者快速入门，内容包括：

1.理论入门及实践应用。

2.配有清晰图片的各种问题及答案。

德拉威尔先生绘制的插图细致而精确，使得本书拥有双重优势：

1.简化了各种肌肉的识别过程。

2.通过着色的过程，学习者可以加深印象。

通过这些方式，学习者将会更加深入地认识解剖学以及应用形态学，对于教练员、运动员和其他从事体育及健康工作的专业人士具有重要意义。

第一章　肱二头肌和肱肌

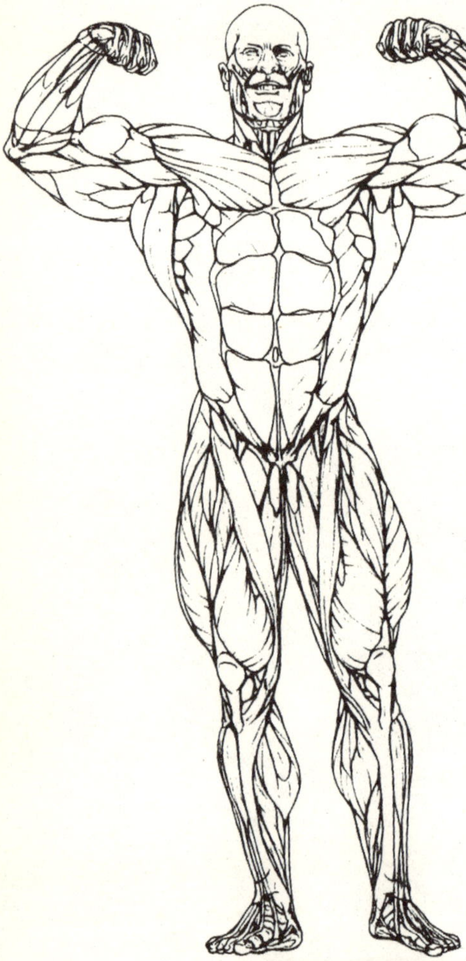

涂色题1

请找出右臂的肱二头肌和左臂的肱肌。

涂色题2

请找出右臂的肱二头肌和左臂的肱肌。

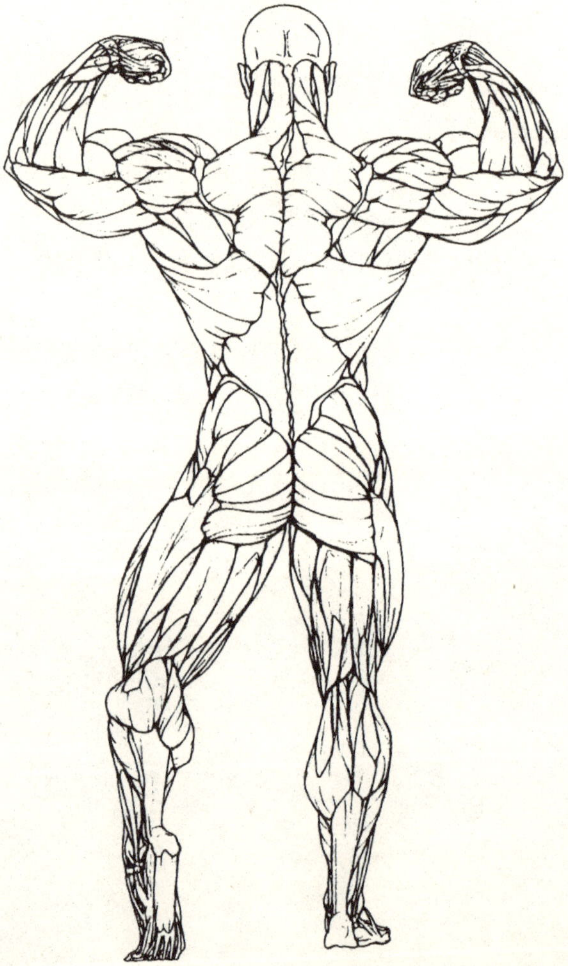

见13页答案

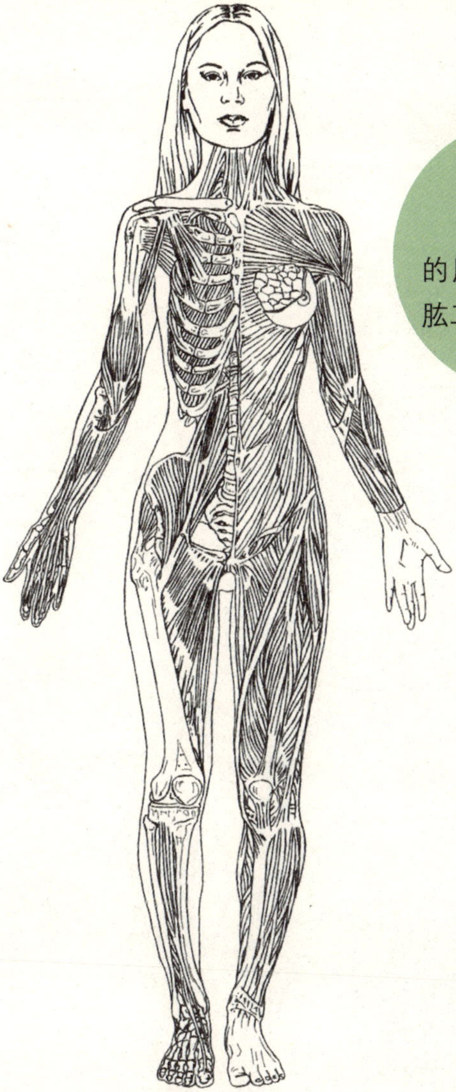

涂色题3

请找出右臂的肱肌和左臂的肱二头肌。

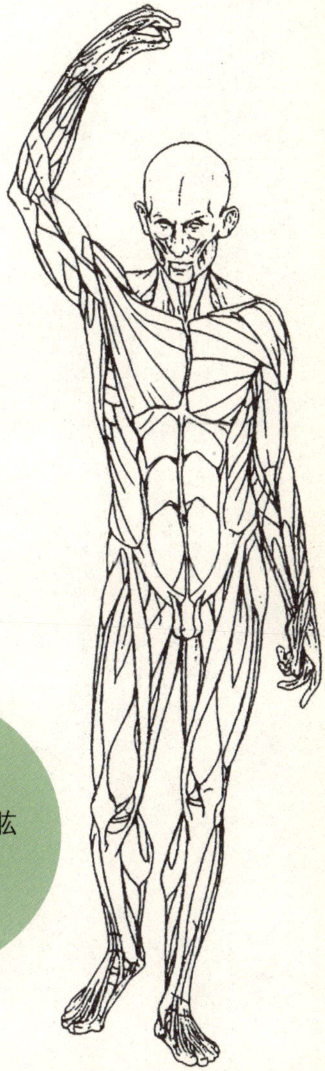

涂色题4

请找出肱二头肌。

见13页答案

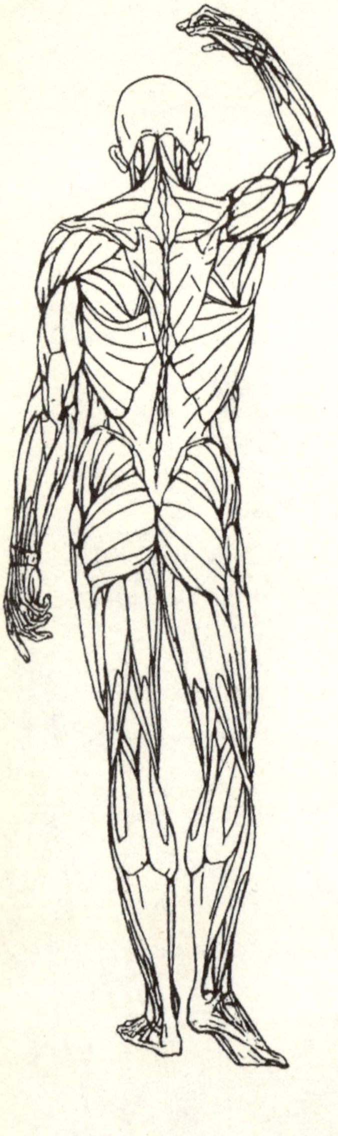

涂色题5

请找出肱二头肌。

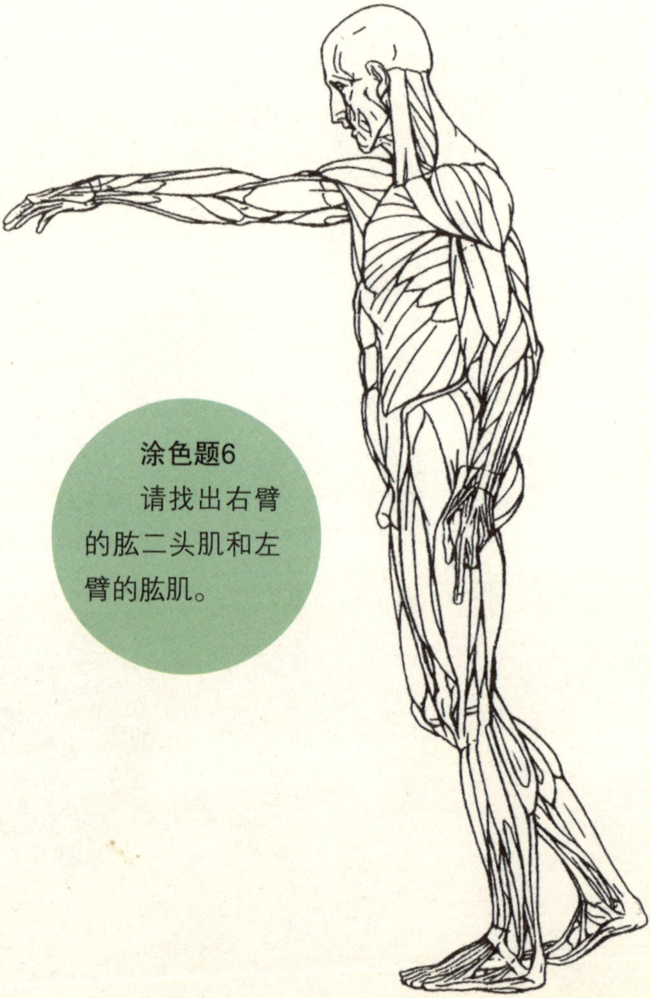

涂色题6

请找出右臂的肱二头肌和左臂的肱肌。

见13页答案

肱二头肌的解剖学相关问题

问题1

肱二头肌名称的由来，是因为这块肌肉：

☐ A.在所有个体中，都由两个头组成。

☐ B.至少由两个头组成，甚至更多。

☐ C.由不定数目的头组成，但总是成对出现。

☐ D.对于不同个体，头的数量不等。可能不存在头，或最多有7个头。

问题2

除了单关节肌以外，还存在双关节或多关节肌。肱二头肌的哪个部分会跨越两个关节，而不仅仅跨越一个？

☐ A.只有肱二头肌的长头是双关节肌。

☐ B.只有肱二头肌的短头是双关节肌。

☐ C.只有肱肌是双关节肌。

☐ D.肱二头肌的两个头都是双关节肌。

问题3

肱二头肌的长头：

☐ A.位于上臂内侧。

☐ B.位于上臂外侧。

☐ C.当肘部指向身体前方时优先发力。

☐ D.当肘部朝向胸部后侧时优先发力。

见14-15页答案

问题4

肱二头肌的功能有哪些?

☐ A.屈前臂靠近上臂。

☐ B.抬起上臂。

☐ C.手部反握。

☐ D.使肩部平稳。

☐ E.手部正握。

问题5

肱肌的功能有哪些?

☐ A.屈前臂靠近上臂。

☐ B.抬起上臂。

☐ C.手部反握。

☐ D.使肩部平稳。

☐ E.手部正握。

问题6

当前臂弯举时，为了加强肱肌运动，应该:

☐ A.手部反握。

☐ B.手部正握。

☐ C.手部对握。

☐ D.使肘部尽量向前。

见15-16页答案

肱二头肌的力量加强训练相关问题

问题7

下列训练中，哪些是肱二头肌的复合训练项目?

☐ A.站姿杠铃弯举。

☐ B.上斜哑铃弯举。

☐ C.孤立弯举。

☐ D.所有包含手臂的背部复合训练项目。

问题8

对于前臂弯举运动（屈前臂靠近上臂），理想状态下使用的是:

☐ A.直杠铃。

☐ B.曲杠铃。

☐ C.哑铃。

☐ D.以上三种器械，以便于从各个角度锻炼肱二头肌。

见17页答案

问题9

前臂弯举，双手反握，在动作最低点应该：

☐ A.最大程度伸直双臂，以使肱二头肌变长、变柔软。

☐ B.切勿完全伸直双臂，以避免受伤。

☐ C.仅在大重量训练组中伸直，在轻负荷练习中保持持续紧张状态。

☐ D.选择感觉最舒适的姿势，因为运动的幅度大小几乎不重要。

问题10

在肱二头肌肌腱感到疼痛的情况下，应该禁止哪些运动?

☐ A.下斜卧推。

☐ B.杠铃弯举。

☐ C.牧师椅弯举。

☐ D.上斜哑铃弯举。

见18-19页答案

肱二头肌和肱肌的相关问题答案
（图解①、②、③、④、⑤、⑥）

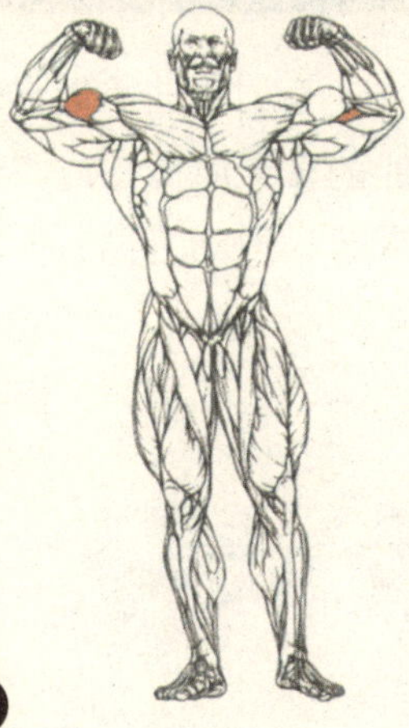

1

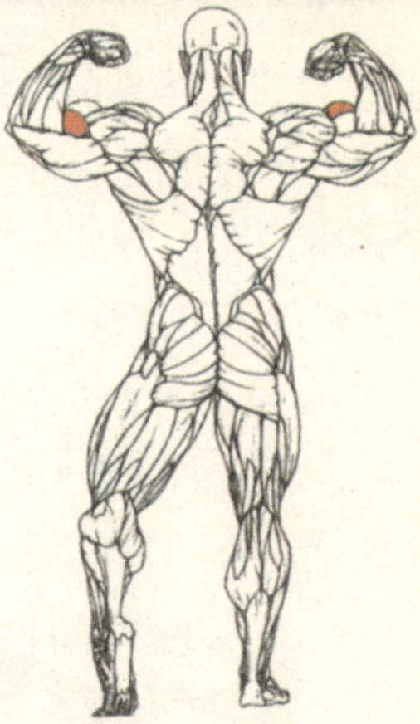

2

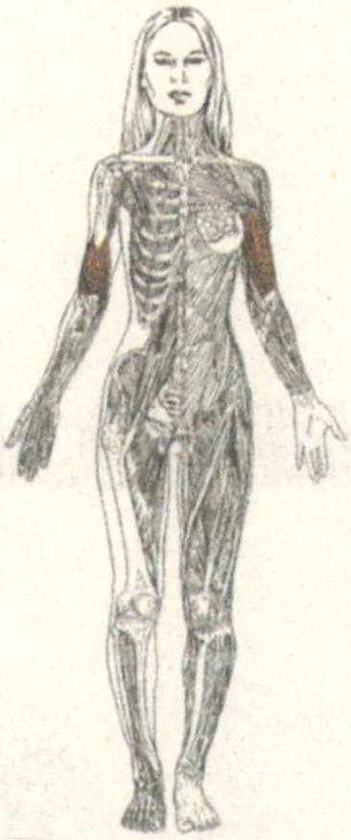

3

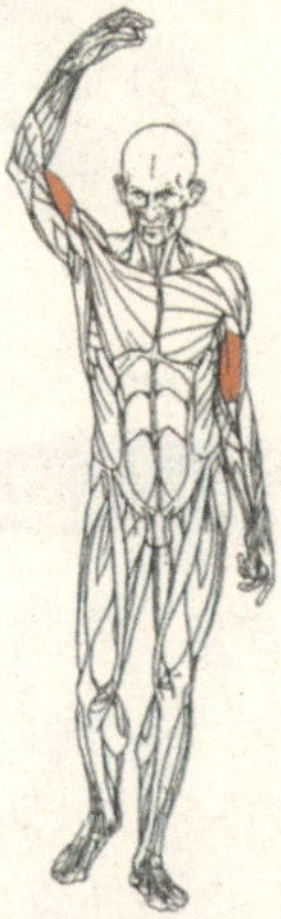

4

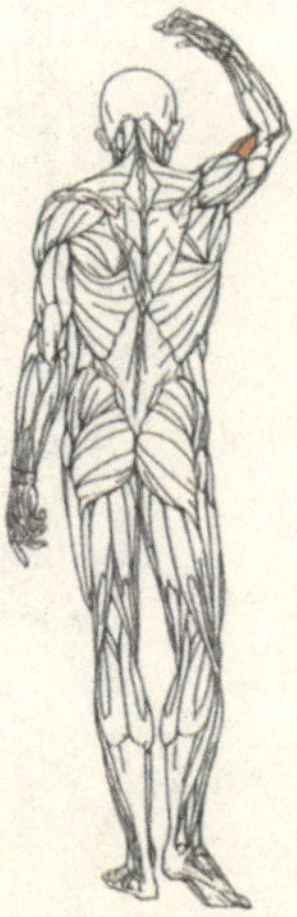

5

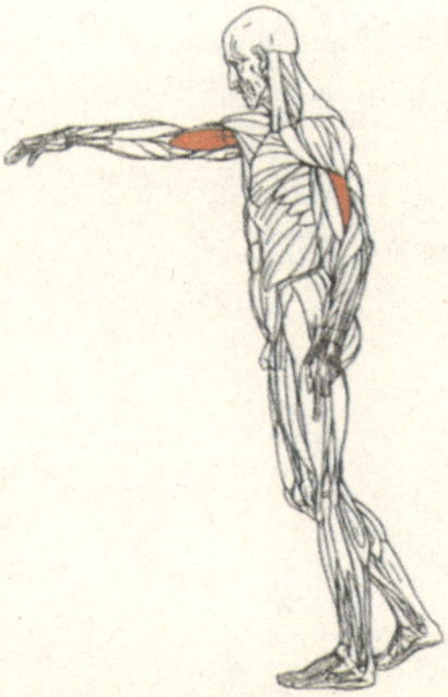

6

问题1：D.

⚠ **注意，答案的关键点：**解剖学并非一门精确的科学。有时某些肌肉会发生融合，而某些肌肉也会消失。同样的道理，肱二头肌可以由无功能的多余肌肉构成。但是，在大多数个体中，肱二头肌只有两头。在某些个体身上会发生变异，虽不多见，但确实存在，应引起人们的足够重视。

问题2：D.

⚠ **注意，答案的关键点：**肱二头肌的两个头都是双关节的。例如，当进行背部练习时，这种特殊结构使得肱二头肌在被靠近肩膀一端的肌肉拉伸的同时，也带动靠近肘部一端的肌肉收缩。因此，即便是正在做收缩运动，肱二头肌仍然可以保持一个相当稳定的长度，接近于它的最佳长度——此时肌肉力量性最强，耐力最好。

请注意：肱肌既不是肱二头肌的一个头，也不是双关节肌肉。

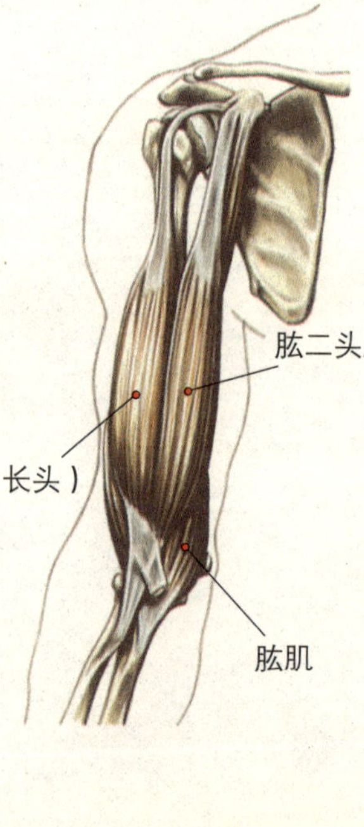

问题3：B、D.

⚠ **注意，答案的关键点：** 长头位于肱二头肌的外侧，短头则位于近胸侧。当肘部向前时，手臂弯曲使得肱二头肌短头会优先发力，例如，在做孤立弯举或牧师椅弯举时，如果长头较松弛，就会影响力量的使用。

相反，在做上斜哑铃弯举时，肘部朝向上身的后部，此时拉伸了肱二头肌的长头，也就是肩部的一头。这种拉伸运动使得手臂弯曲时，肌肉得以更好地发力。

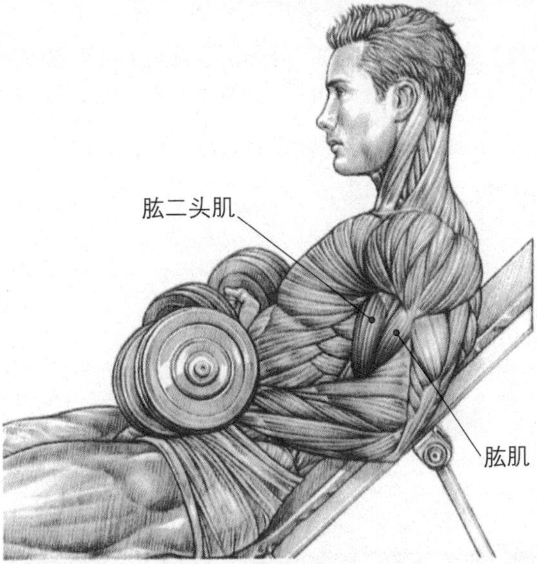

问题4：A、B、C、D.

⚠ **注意，答案的关键点：** 绝大多数肌肉拥有多种功能。虽然肱二头肌最主要的功能还是屈前臂靠近上臂的动作（弯举训练），但是我们仍需注意它对于三角肌的平衡作用，因为当肱二头肌长头被切断时，肩部会变得非常不平衡。此外，肱二头肌长头还是前臂重要的旋后肌。

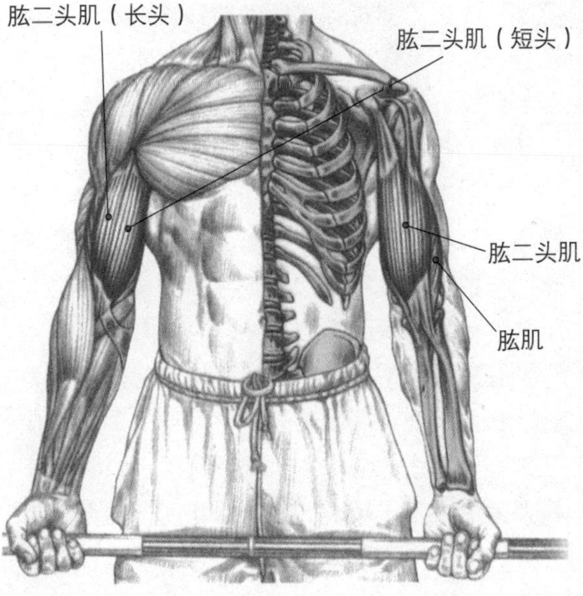

问题5：A.

⚠ **注意，答案的关键点：**肱肌的功能和肱二头肌相比简单很多，只涉及屈前臂靠近上臂问题。在发挥这项功能时，它会辅助肱二头肌，尤其当手臂肌肉绷紧（肘屈曲）的时候。

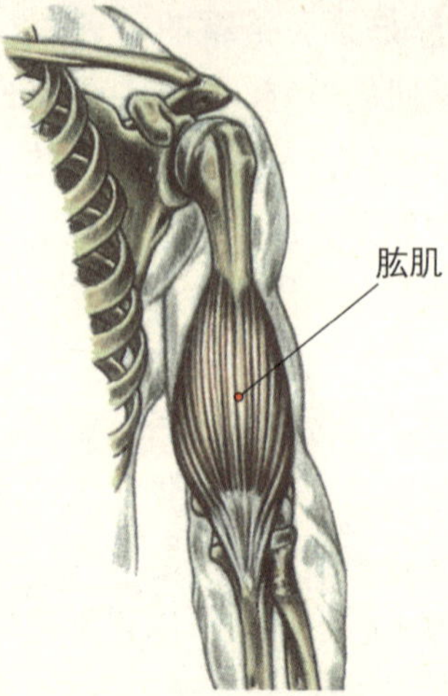

问题6：B、C、D.

⚠ **注意，答案的关键点：**肱二头肌和肱肌是共同工作的肌肉。当肱二头肌的功能被束缚时，有可能会增加肱肌的发力。在这种情况下，当进行对握训练（哑铃锤式弯举）或者正握训练（反向弯举）时，肱二头肌的收缩会受到阻碍，但肱肌的力量却可以得到加强，而且还可以补偿肱二头肌乏力的弱点。

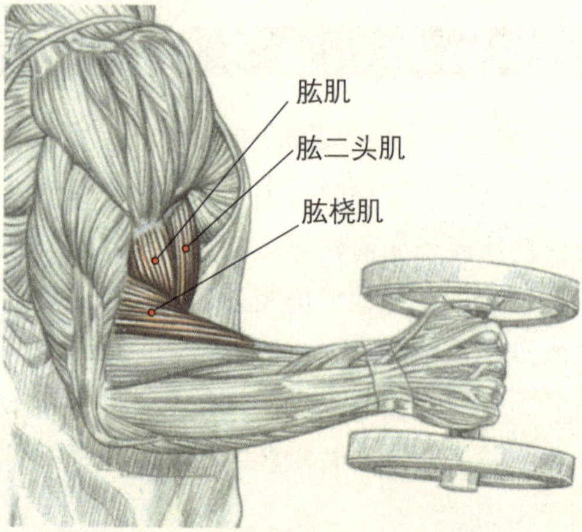

当肘部向前，例如，做孤立弯举或者牧师椅弯举时，如果肱二头肌长头较松弛，就会阻碍肌肉的发力。肱肌和肱二头肌的短头补偿了长头的乏力，从而增加了它们的肌肉调配。

在理想状态下，为了更好地发挥肱肌的力量，最好是结合两种姿势：针对肱二头肌，使手部处于较弱的姿势（对握或正握）；针对长头，使肘部处于较弱的姿势（将肘部置于尽量靠近头部的位置）。

问题7：D.

⚠ **注意，答案的关键点：**弯举或屈前臂靠近上臂通常都被称为肱二头肌的复合训练动作，然而它们只能使一个关节（肘部关节）得以运动。真正的复合训练，会调动两个关节活动（肘关节和肩关节），例如，锻炼背部的下拉动作和划船动作。这两类动作通过肱二头肌近肘部一端肌肉的收缩，以及近肩部一端肌肉拉伸的共同作用，构成了真正的肱二头肌复合训练动作。

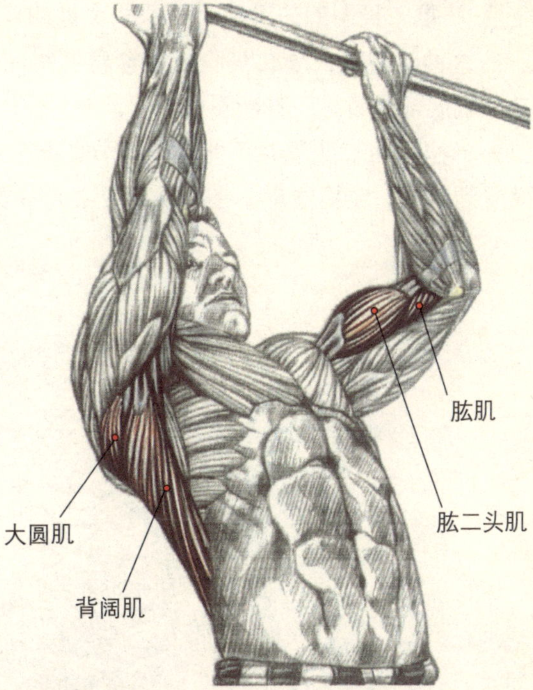

问题8：A、B、C.

⚠ **注意，答案的关键点：**这个问题的答案因个体手腕的灵活性而不同。如果你的手腕比较灵活，可轻松反握直杠铃（旋后肌发达者），用直杠铃训练就很理想。但是，直杠铃远不是适用于所有人的方法！

如果直杠铃屈臂的动作会让你感觉不适应，那就说明你的旋后肌还不够发达，就应该选择曲杠铃。

如果曲杠铃却不能很好屈臂，还可以选用哑铃，它可以给手腕以极大的运动自由。

当然，三种器具同时适用于一个人的情况非常少见。器具的选择应由个体的形体所决定，而不是所谓的肱二头肌的训练角度——这个可能并不存在问题。

问题9：B.

⚠ **注意，答案的关键点：**在双手反握的弯举训练时，伸直手臂是一个容易被曲解的动作。在这种姿势下，肱二头肌非常容易受伤，若负重过大，轻则引起肌腱炎，重则会导致肱二头肌底部撕裂或肌腱断裂。

此外，拉伸肱二头肌并不能使这部分肌肉变长。不论负重大小，应谨慎地保持肱二头肌持续受到刺激。还要注意，在伸展阶段中并不要完全伸直双臂。

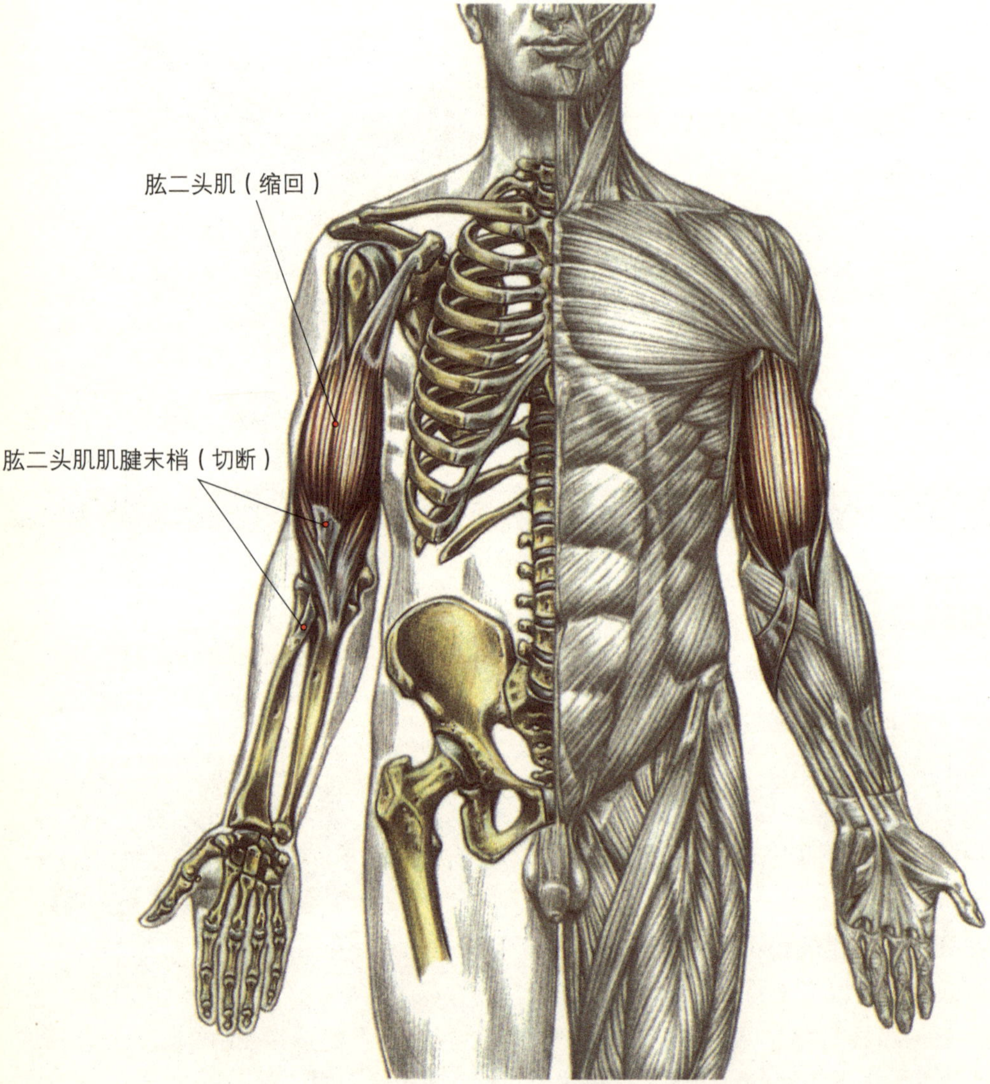

问题10：A、B、D.

⚠ **注意，答案的关键点：**肱二头肌肌腱非常特殊，因为它附着在一个骨沟上面（肱骨结节间沟）。如果一项练习作用在肱二头肌上，越使其伸展，则肱二头肌肌腱扯动肱骨的力量就会越大，由此摩擦作用会增大，可能会引起发炎。幸好有孤立弯举或牧师椅弯举练习，它使得人们在向前伸肘部以及稳定手臂时，可以将附着面减缩到最低限度，从而减少了肌腱的磨损。

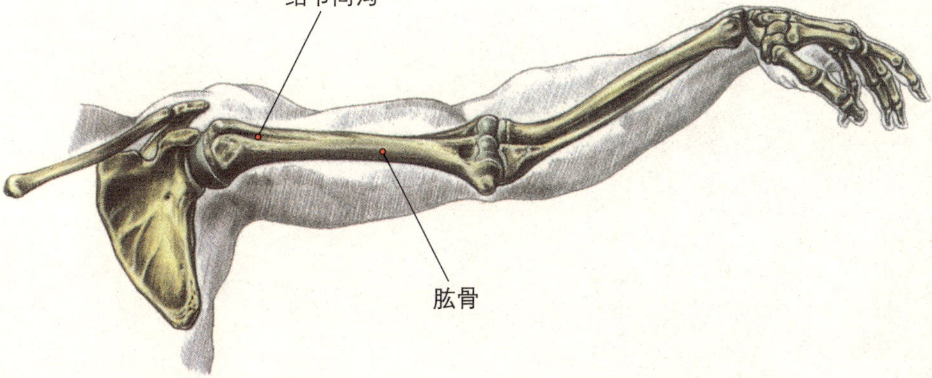

第二章　肱三头肌

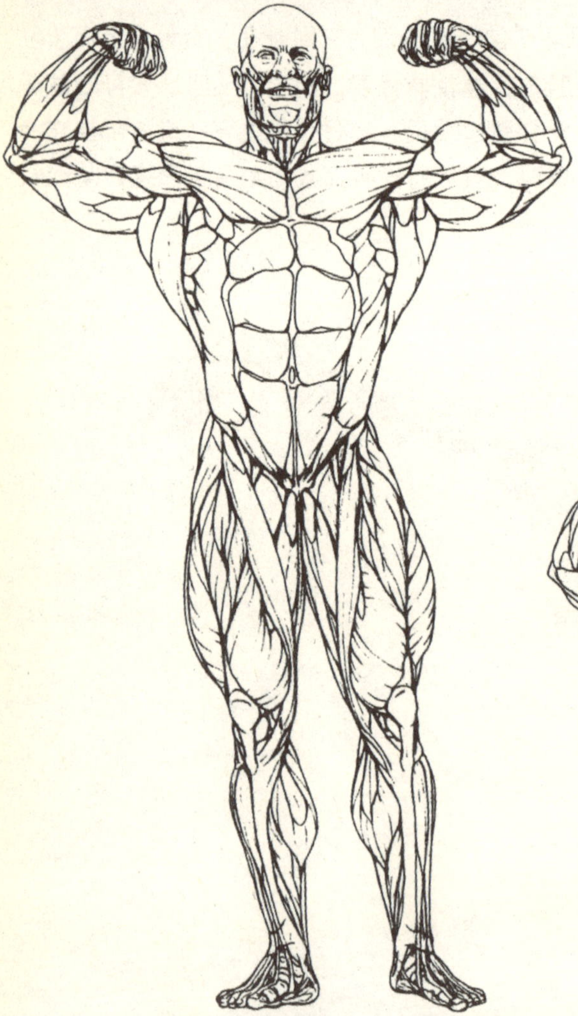

涂色题1

请找出右臂的肱三头肌长头和左臂的肱三头肌内侧头。

涂色题2

请找出左臂的肱三头肌长头和右臂的肱三头肌外侧头。

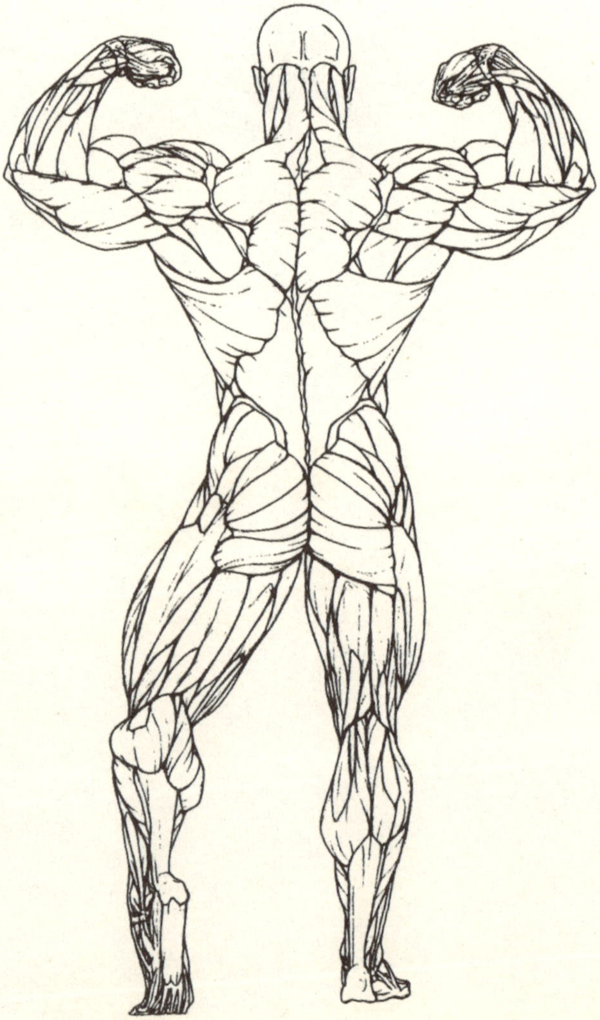

见27页答案

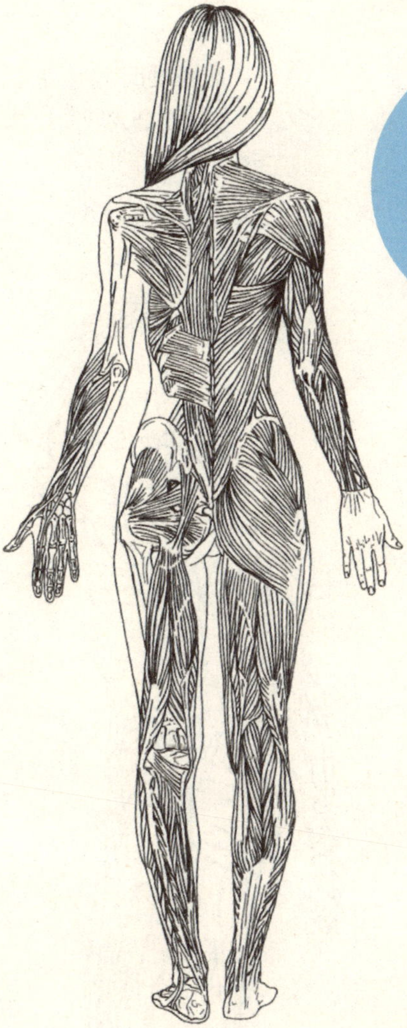

涂色题3

请找出肱三头肌和肘肌。

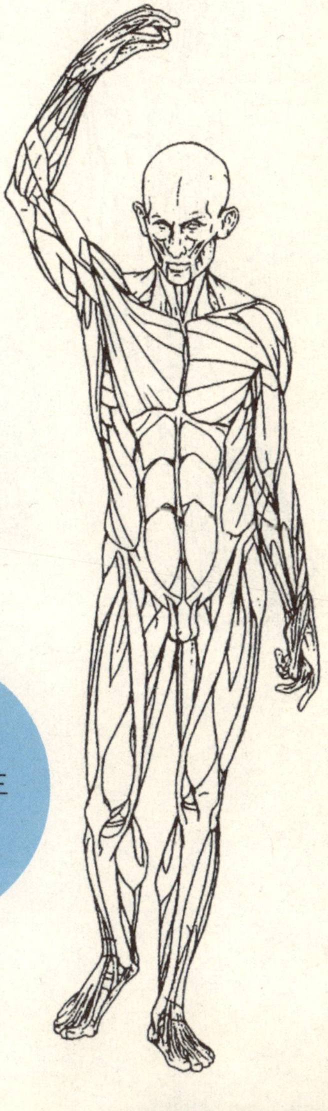

涂色题4

请找出肱三头肌。

见27页答案

涂色题6

请找出肱三头肌。

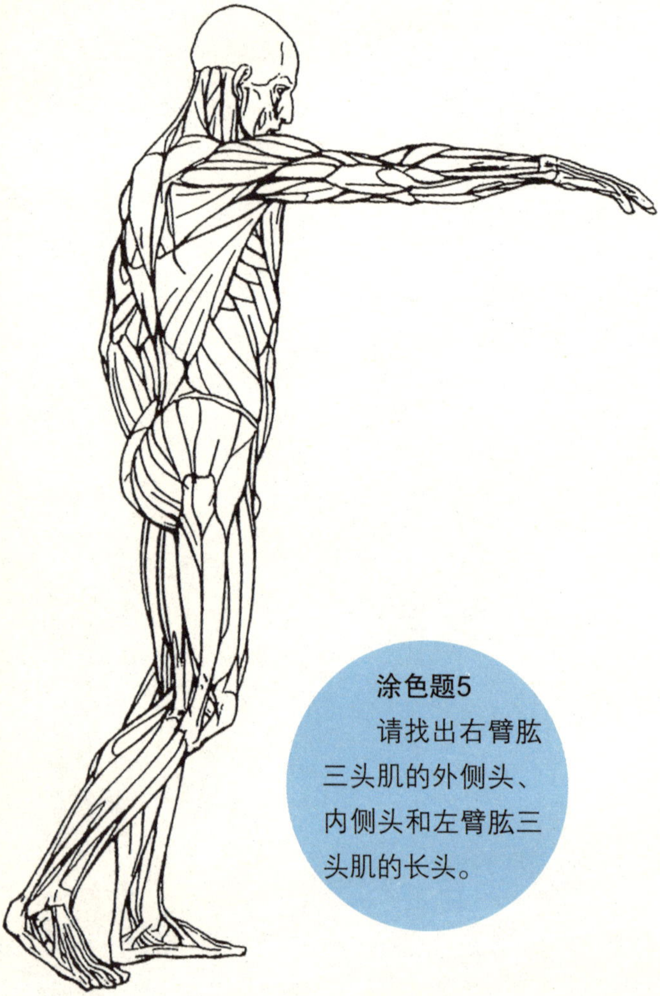

涂色题5

请找出右臂肱三头肌的外侧头、内侧头和左臂肱三头肌的长头。

见27页答案

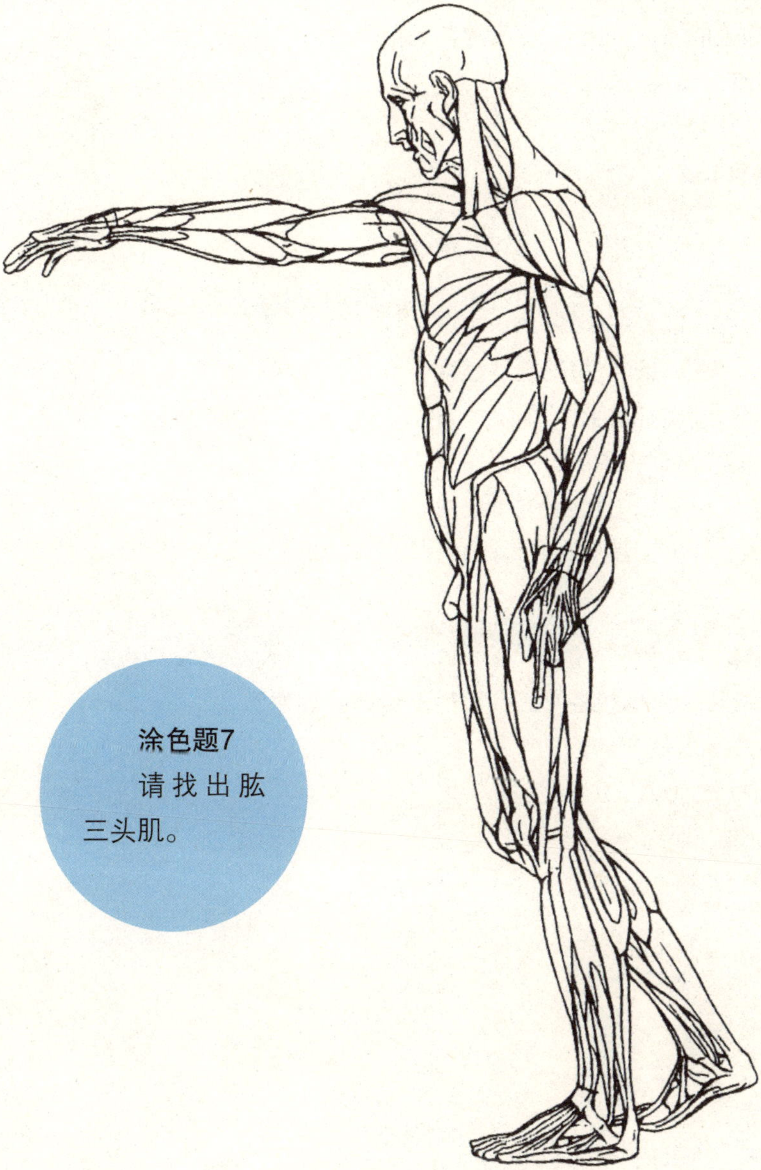

涂色题7

请找出肱三头肌。

肱三头肌的解剖学及生物力学相关问题

问题1

肱三头肌的哪个（几个）头是双关节的?

☐ A.只有外侧头。

☐ B.只有内侧头。

☐ C.只有长头。

☐ D.三个头都是。

问题2

如果肱三头肌的三个头的发达程度不一致，说明：

☐ A.训练设计欠缺构思、缺乏均衡。

☐ B.在肌肉调配方面，头与头之间存在竞争关系。

☐ C.三个头的基因序列不协调。

☐ D.运气确实欠佳。

问题3

在下列练习中，哪些是肱三头肌的复合训练动作?

☐ A.肱三头肌的屈伸运动，杠铃仰卧臂屈伸。

☐ B.双杠臂屈伸。

☐ C.卧推。

☐ D.肩推。

 见28-29页答案

肱三头肌的力量加强训练相关问题

问题4

在哪些运动中，肱三头肌可以最大程度调配？

☐ A.卧推。

☐ B.肩推。

☐ C.背部下拉训练。

☐ D.腿举。

问题5

在肱三头肌的仰卧屈伸练习中，理想的方法是使用：

☐ A.直杠铃。

☐ B.曲杠铃。

☐ C.哑铃。

☐ D.以上三种器械，从各个角度锻炼三头肌。

问题6

为了更好地锁定肱三头肌长头发力，应该：

☐ A.使肘部尽量靠近身体。

☐ B.使肘部尽量向后。

☐ C.使肘部尽量靠近头部。

☐ D.不可能分别掌控肱三头肌各个头的调配。

见29-31页答案

肱三头肌的经典病理学相关问题

问题7

肘部受伤的情况下，应该：

☐ A.停止一段时间的肱三头肌训练。

☐ B.避免负重过大，用较轻的负荷进行高次数重复练习。

☐ C.避免自由负荷，选择滑轮式练习。

☐ D.俯立臂屈伸（上臂伸直紧贴体侧，上身前倾），采用这种姿势，是最柔和的肱三头肌锻炼方法。

问题8

在做卧推时，如果肩部受伤，应建议：

☐ A.停止一段时间的训练。

☐ B.严格控制训练姿势，保持大幅度训练。

☐ C.保持持续紧张状态，以避免伸直手臂。

☐ D.不要使杠铃降至胸肌。

问题9

在做双杠臂屈伸时，有时手指会出现针刺感，或者颈部神经性疼痛，这可能会影响运动员，它是由什么引起的？

☐ A.手指。

☐ B.肘肌。

☐ C.颈部。

☐ D.腰部拱起。

问题10

在做双杠臂屈伸时，为了避免手指出现针刺感或者颈部产生神经性疼痛，头部应采用什么姿势？

☐ A.头部尽量抬高。

☐ B.头部尽量低下。

☐ C.向前方看。

☐ D.将头摆成与动作平行的姿势。

见32-33页答案

肱三头肌的相关问题答案
（图解①、②、③、④、⑤、⑥、⑦）

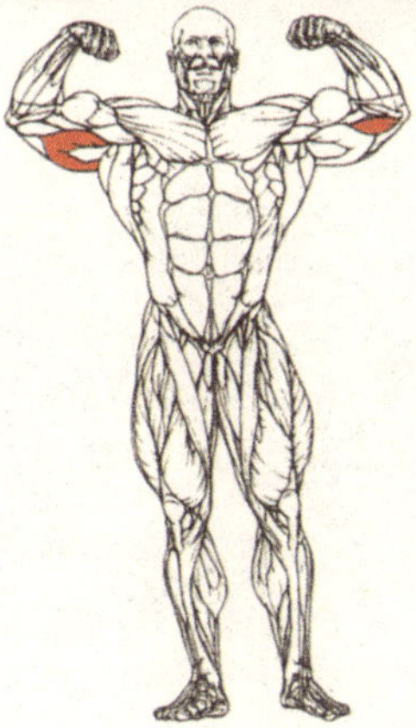

1

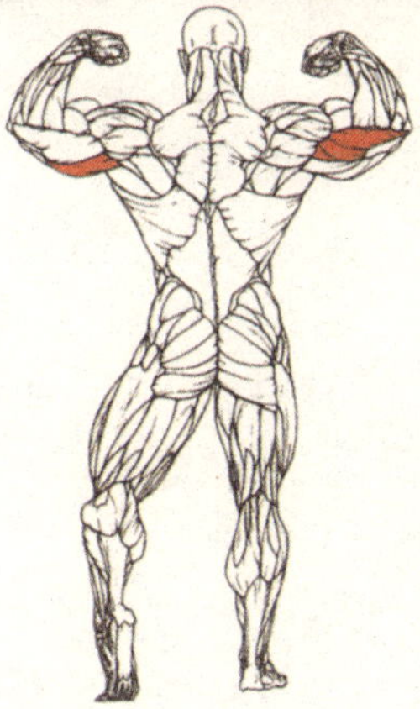

2

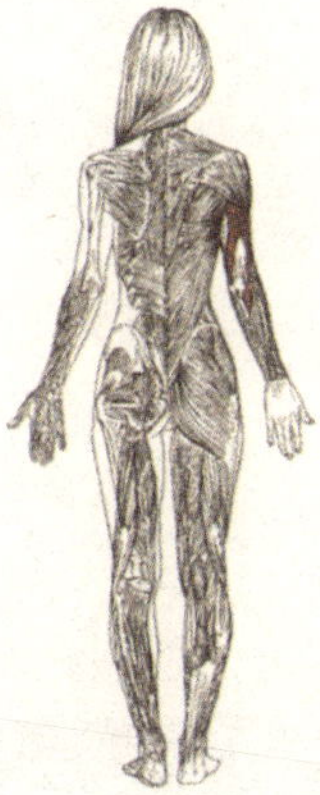

3

4

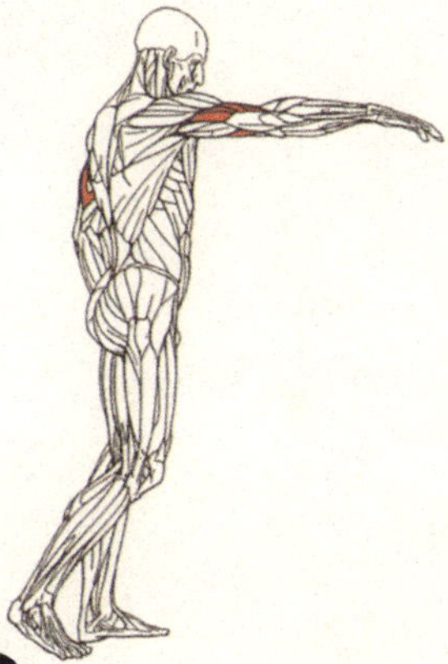

5

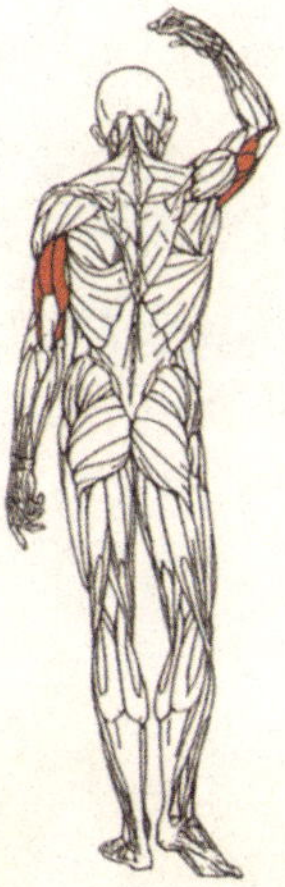

6

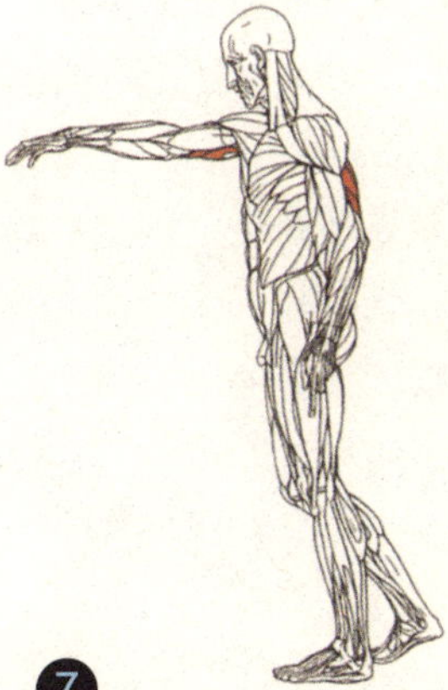

7

问题1：C.

⚠ **注意，答案的关键点：**与肱二头肌相反，肱三头肌只有长头是双关节肌肉。当进行卧推或是肩推时，会使得长头肌肉的近肩部端肌肉拉伸，同时近肘部端肌肉收缩。尽管肱三头肌长头可以收缩，但通常它会保持着相当稳定的长度，且接近其最佳长度——此时肌肉力量最强、耐力最好。这一独特之处也使得长头比起另两个单关节的头来说更具优势。

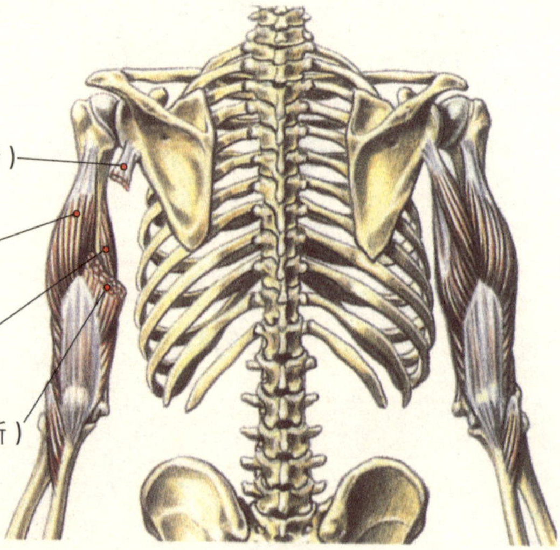

问题2：B、C.

⚠ **注意，答案的关键点：**肱三头肌三个头的发达程度不一致只是例外现象。发育不协调与运气好坏并无关系，属于基因问题。这是因为：

1.每个头长度各不相同，头越长，越容易发育。

2.肱三头肌中，头与头之间的竞争作用更甚于肌肉调配的协同作用，其中一个头比较发达，与另外两个头相比更具优势。

尽管不是所有个体都会经历失衡状态，但是多数人或多或少有所感觉。而有针对性的训练则能改善身体平衡，当然，对于因肌肉基因缺陷造成的此类问题，目前还没有从根本上解决的办法。

问题3：B、C、D.

⚠ **注意，答案的关键点：**肱三头肌的杠铃屈伸运动通常被叫作“肱三头肌的复合训练”，不过它只会调动一个关节（肘关节）。针对肱三头肌的复合训练，只有双杠臂屈伸、卧推和肩推，这些复合训练可以调动两个关节（肘关节和肩关节）：长头肌肉的近肩部端肌肉拉伸，同时近肘部端肌肉收缩。

肱三头肌外侧头和内侧头不会被复合训练或是孤立训练问题所影响，因为作为单关节肌肉，它们只能在肌肉收缩时变短。所以对它们来说，不可能保持最佳长度。

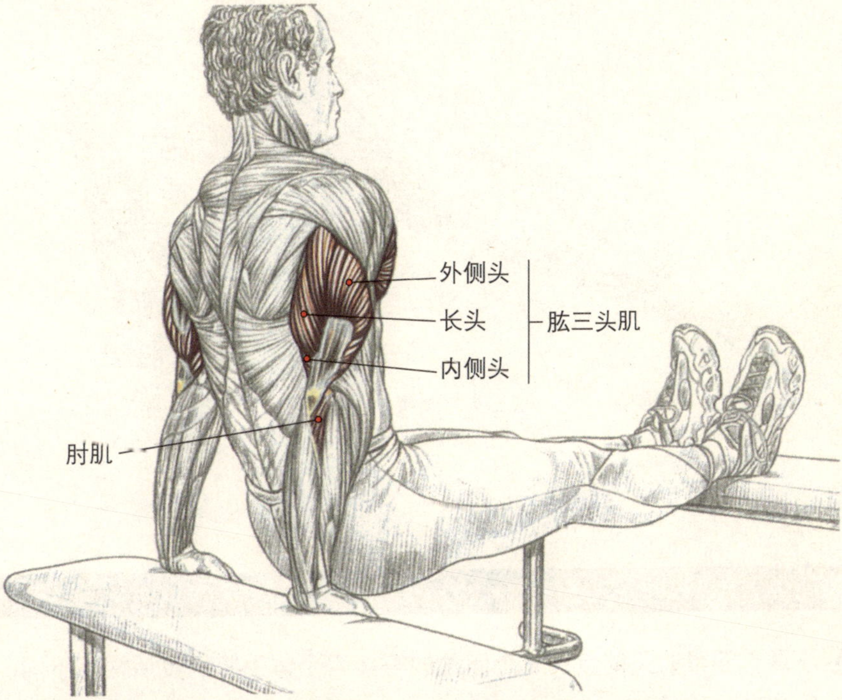

问题4：A、B、C.

⚠ **注意，答案的关键点：**大家经常忽略肱三头肌的长头会参与下拉动作，也会参与背部划船动作。这些动作会使肘部压力增大。因此，当进行背部肌肉训练时，对肱三头肌和肘肌先进行热身运动较为明智。

此外，还应注意到，在进行上半身肌肉的训练时，肘部几乎参与所有动作，而且运动比较剧烈，在两次训练课间，几乎没有恢复的时间。这也就是它时常出现病理性疼痛的原因。

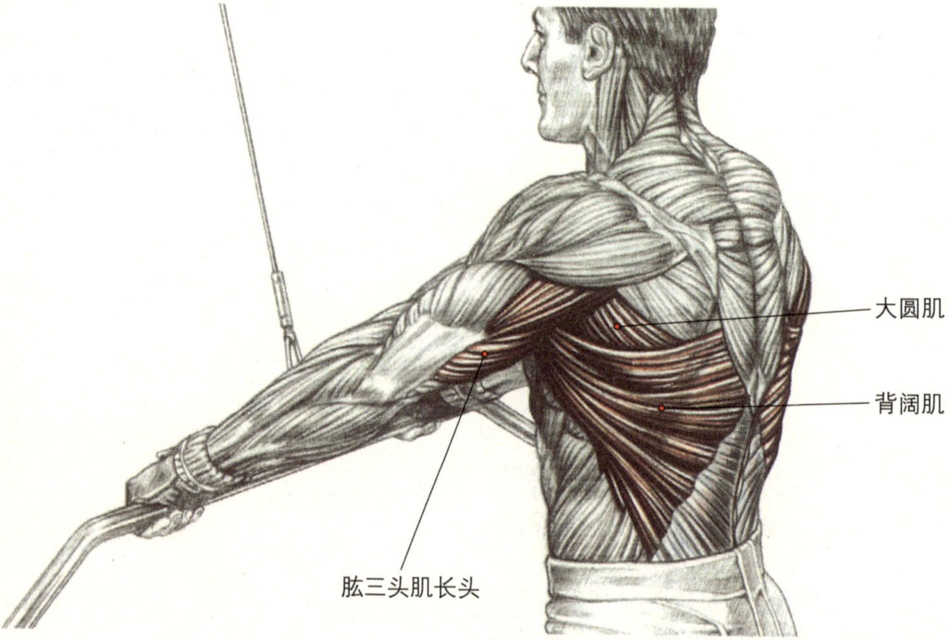

问题5：A、B、C.

⚠ **注意，答案的关键点：**这个问题的答案因个体手腕的灵活性而不同。如果你的手腕相当灵活，可轻松抓握直杠铃，直杠铃可以帮你训练出强有力的肌肉。

如果抓握直杠铃对你来说有些不适应，这很可能是因为你的旋后肌还不够发达，如果这样你应该选择曲杠铃；如果你在使用曲杠铃的时候还是不能很好地屈臂，就应该选择哑铃，它可以给手腕极大的运动自由。

三种器具同时适用于一个人的情况比较少见。器具的选择由个体的形体所决定，而不是所谓的练习角度。

问题6：C.

注意，答案的关键点：因为只有肱三头肌的长头是多关节肌肉，所以可以使它处在最佳长度，以便调整肌肉的发力。

肘肌越靠近胸部，越难以拉伸长头肌肉，会使长头肌肉变得松弛，不利于肌肉调配，但对外侧头和内侧头的训练来说却是有益的。肘部抬得越高，越容易拉伸长头，有利于长头肌肉的调配，即使外侧头和内侧头受过运动损伤，这个动作也不会对它们产生不利影响。

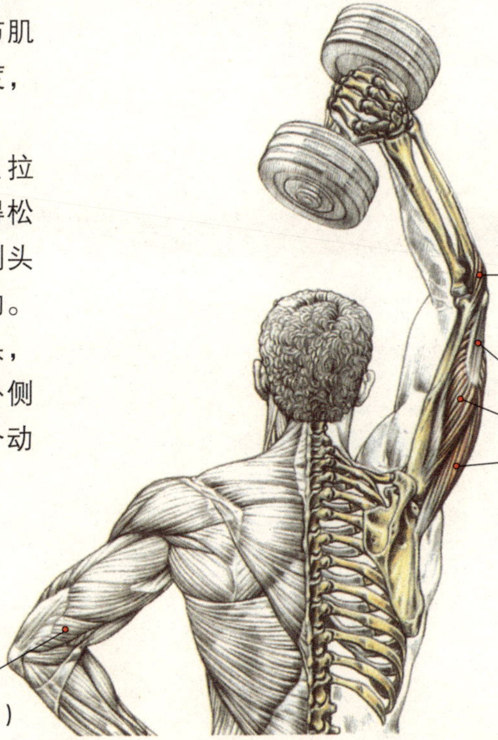

问题7：A或B+C+D.

⚠ **注意，答案的关键点：** 理想状态是停止一段时间针对肱三头肌的训练，但是这会影响整个上身肌肉的训练能力。如果疼痛不是太严重，可以尝试减轻训练的负重，选择一些不会对肘部影响较小的动作（滑轮式运动和俯身单臂屈伸）。

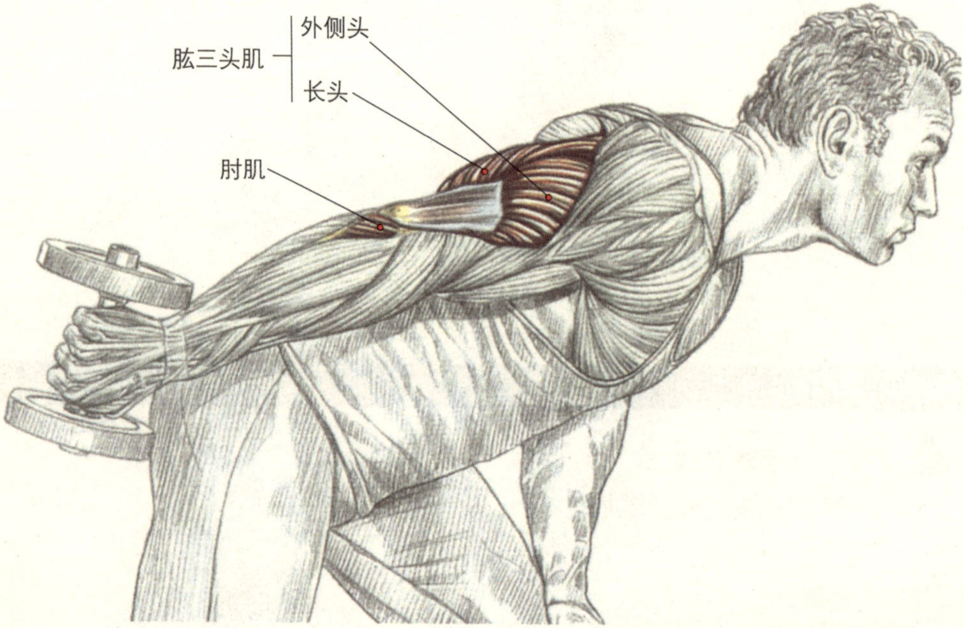

问题8：A或C.

⚠ **注意，答案的关键点：** 一般疼痛时应该避免运动。在做卧推时，时常会因手臂伸直而使肱三头肌受伤。这种情况下，采用答案C中的方法是比较合理的。尽管疼痛会持续一段时间，这时休息是最好的药方。

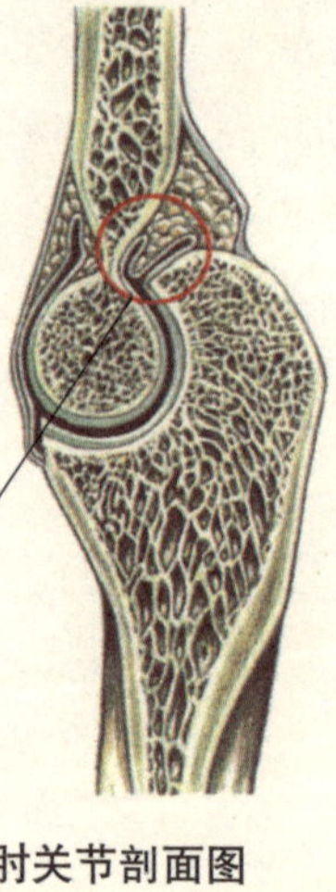

肘关节剖面图

问题9：C.

⚠ **注意，答案的关键点：**在做部分动作时，头部的姿势经常会影响运动效果。在做双杠臂屈伸时，如果保持仰面朝天的姿势，会对臂丛神经产生阻碍。因为这些神经贯穿整个手臂，呈放射状分布，会影响手臂、肘部或者双手的运动。

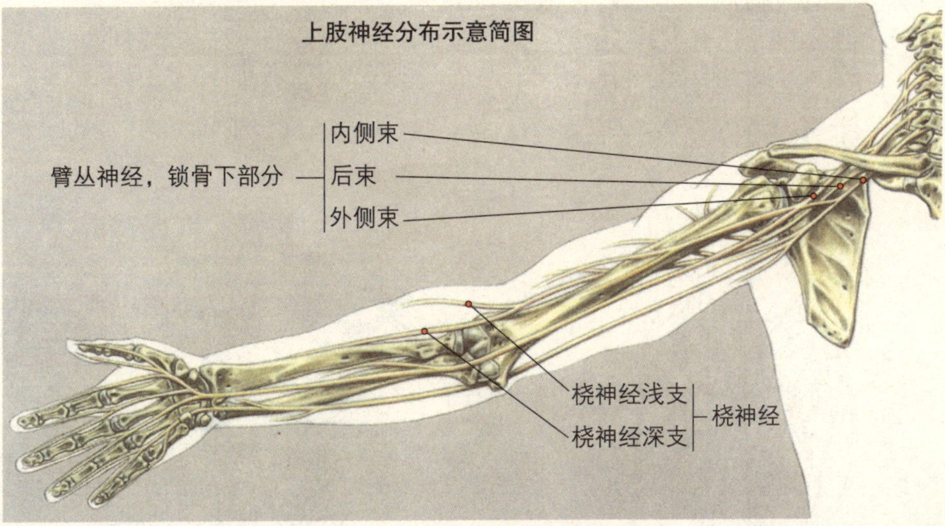

问题10：B.

⚠ **注意，答案的关键点：**只要将下巴贴近胸部，就不会阻碍神经冲动；反之，如果将头部抬得过高，就会加重病情。

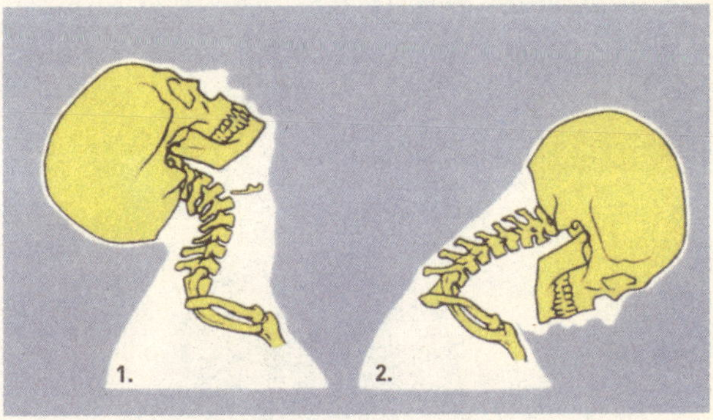

1.当作双杠臂屈伸、器械颈后推举、深蹲和屈腿硬拉这些动作时，向后伸长颈部可能会造成损伤

2. 对于容易颈部神经性疼痛的人，在做双杠臂屈伸、器械颈后推举动作时，颈部置前、下巴靠着前胸，是一种比较保险的动作。

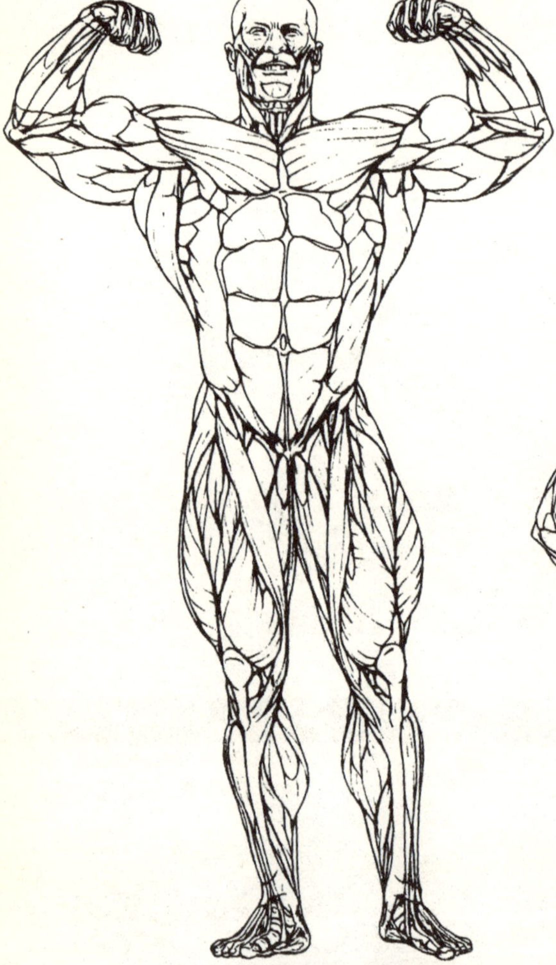

涂色题2

请找出左臂的前臂肌肉，右臂的肱桡肌和肘肌。

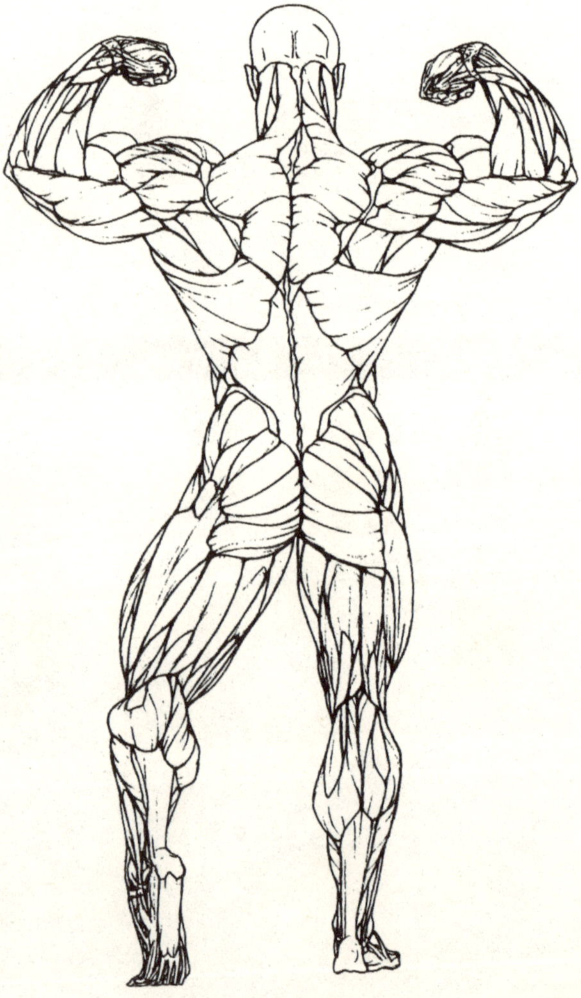

涂色题1

请找出前臂肌肉。

见41页答案

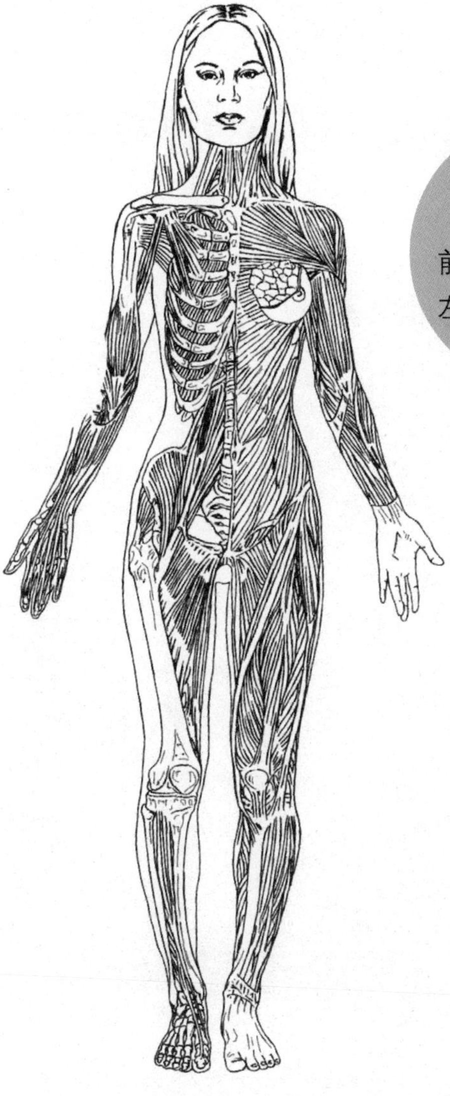

涂色题3

请找出右臂前臂肌肉的屈肌，左臂的肱桡肌。

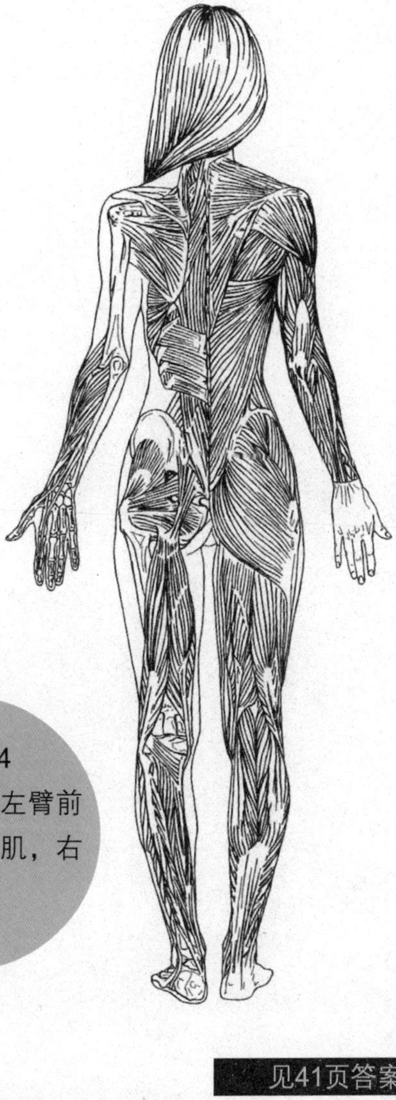

涂色题4

请找出左臂前臂肌肉的伸肌，右臂的肘肌。

见41页答案

涂色题 5

请找出前臂肌肉。

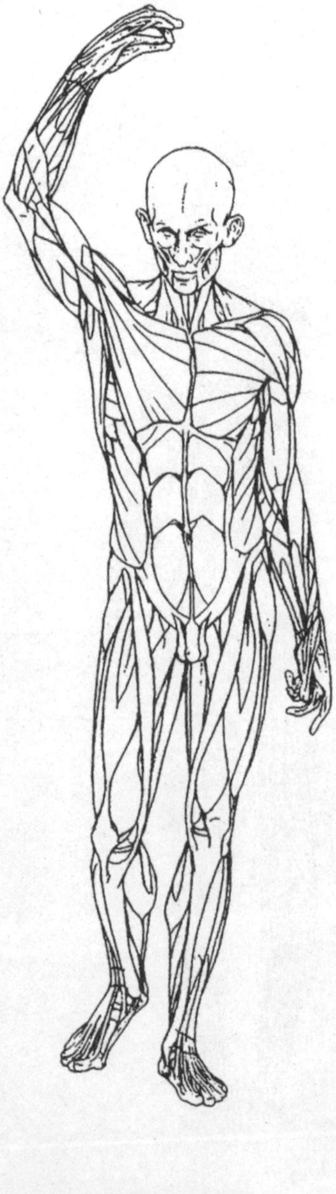

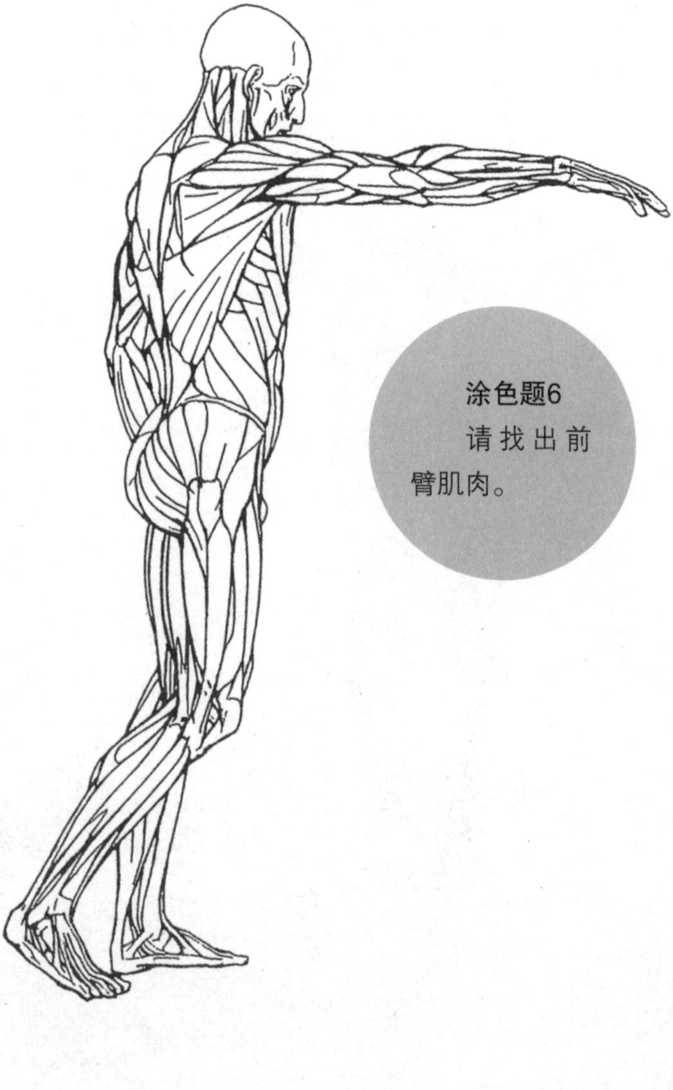

涂色题6

请找出前臂肌肉。

见41页答案

涂色题7

请找出前臂肌肉。

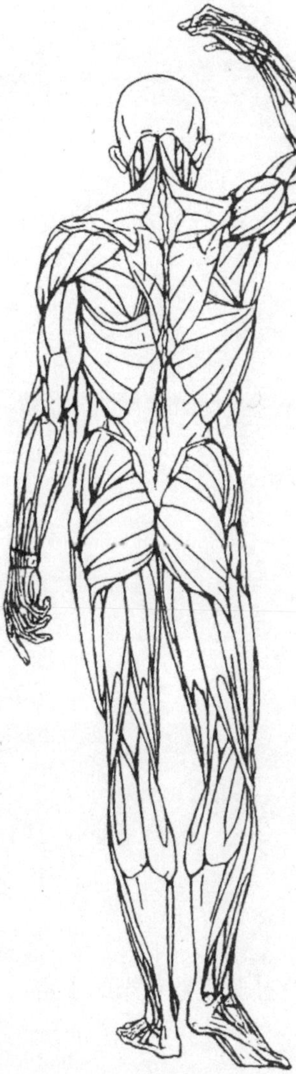

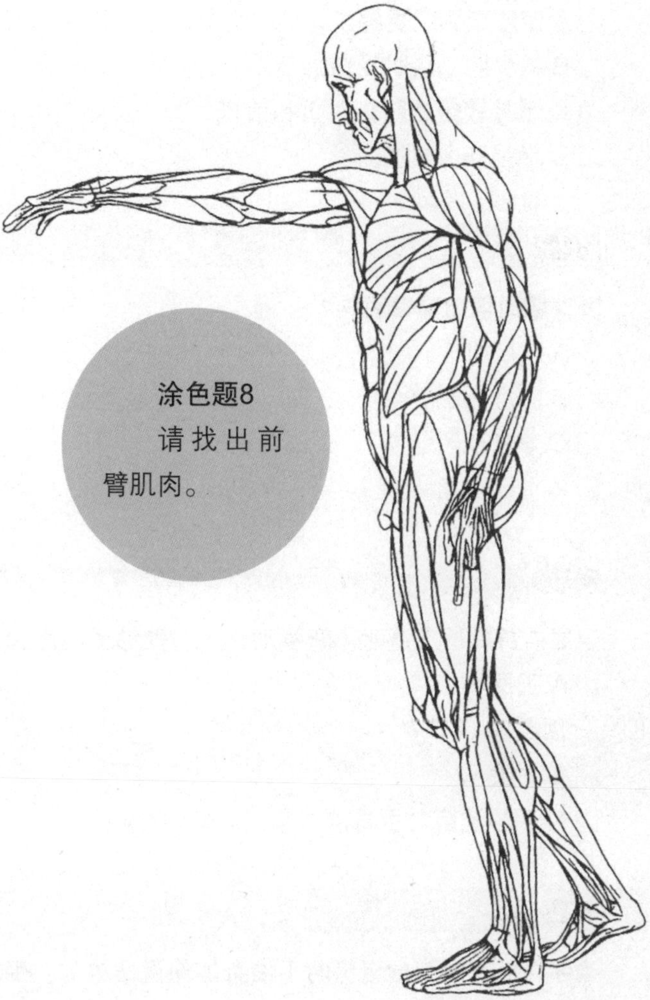

涂色题8

请找出前臂肌肉。

见41页答案

前臂肌肉的解剖学及生物力学相关问题

问题1

发育良好的肱桡肌，会具有以下哪些作用：

☐ A.使肱二头肌更容易弯曲，尤其是手臂肌肉绷紧（肘屈曲）的时候。

☐ B.减少肱二头肌受伤的危险。

☐ C.填补较短的肱二头肌和前臂之间的空隙。

☐ D.增强腕力或握力。

问题2

哪些肌肉帮助前臂后转？

☐ A.肱桡肌。

☐ B.旋后长肌。

☐ C.掌长肌。

☐ D.肱二头肌。

问题3

当屈前臂靠近上臂时（弯举动作），能够使用最大力量的握法是：

☐ A.正握。

☐ B.反握。

☐ C.对握。

☐ D.手的姿势对手臂的力量没有任何影响。

问题4

当手臂处于解剖学姿势时（沿身体伸直摆放），手腕的旋转度是多少？

☐ A.旋转角度为180度，可轻易从正握位转到反握位。

☐ B.旋转角度并不绝对，对于成年个体，最大极限为150度。

☐ C.旋转角度会发生改变，拉伸练习可使旋转角度变大。

☐ D.讨论幅度没有意义，因为肩部的旋转可以毫无危险性地弥补此度数带来的不足。

 见42-43页答案

问题5

拥有发达旋前肌的人：

☐ A.不论正握还是反握，手部都可以大幅度旋转。

☐ B.手部可以完全正握，但是在反握时则有困难。

☐ C.对手部正握或者反握都有一定幅度的限制。

☐ D.手部无法正握。

前臂肌肉的力量加强训练相关问题

问题6

训练时，旋前肌发达者：

☐ A.可以使用直杠铃进行反向弯举（前臂弯曲迎合上臂，但双手正握）。

☐ B.必须使用曲杠铃进行反向弯举。

☐ C.可以使用直杠铃弯举（前臂弯曲迎合上臂，但双手反握）。

☐ D.必须使用曲杠铃弯举。

问题7

训练时，旋后肌发达者：

☐ A.可以使用直杠铃进行反向弯举。

☐ B.必须使用曲杠铃进行反向弯举。

☐ C.可以使用直杠铃弯举。

☐ D.必须使用曲杠铃弯举。

见43-44页答案

问题8

当手臂处于解剖学姿势（沿身体伸直），会发现：

☐ A.上臂和前臂总是呈非常直的线条状。

☐ B.部分个体的上臂和前臂会形成一定角度（肘部外翻）。

☐ C.只有女性会肘部外翻，而男性手臂则会非常直。

☐ D.外翻是一种病理反应，通过拉伸训练可以减轻。

前臂肌肉的经典病理学相关问题

问题9

前臂时常疼痛，很可能是因为：

☐ A.在训练前，忽视了对前臂的热身练习。

☐ B.缺少加强肌肉力量的特别练习。

☐ C.在肱二头肌、背肌和胸肌训练中，手臂完全伸直与双手反握所致。

☐ D.在几乎所有肌肉训练中，都会引起肌肉恢复不充分的问题。

问题10

经常在前臂出现的肌肉失衡现象，是因为：

☐ A.伸肌通常比屈肌发达。

☐ B.屈肌比伸肌更容易得到强化。

☐ C.对肌肉来说，失衡问题比较少见。

☐ D.主要取决于个体差异。

 见44-45页答案

前臂肌肉的相关问题答案
（图解①、②、③、④、⑤、⑥、⑦、⑧）

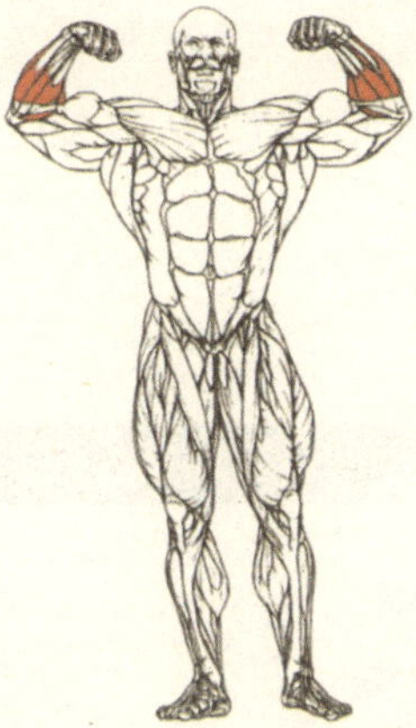
1

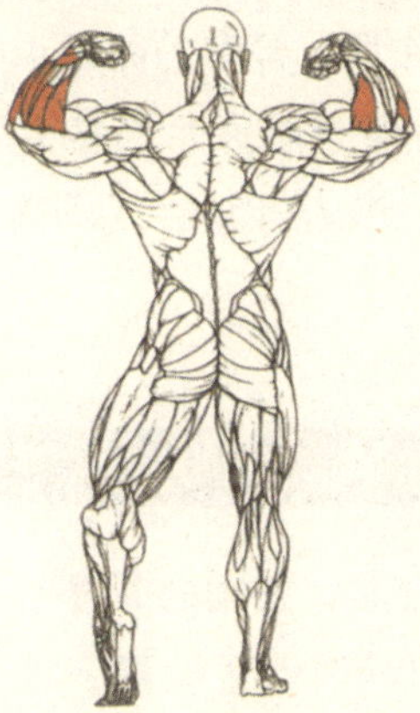
2

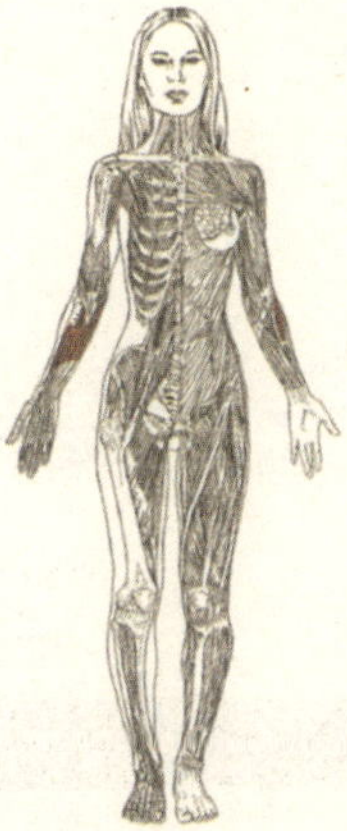
3

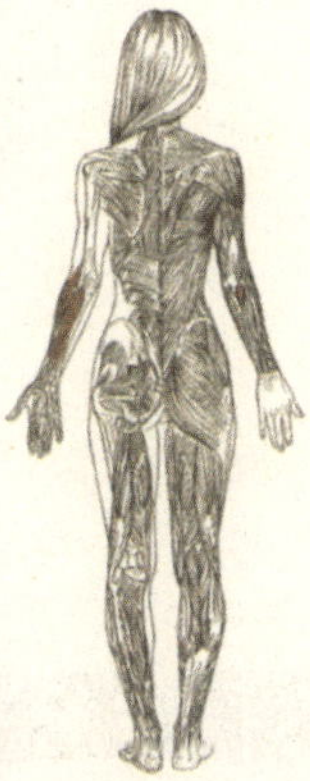
4

5

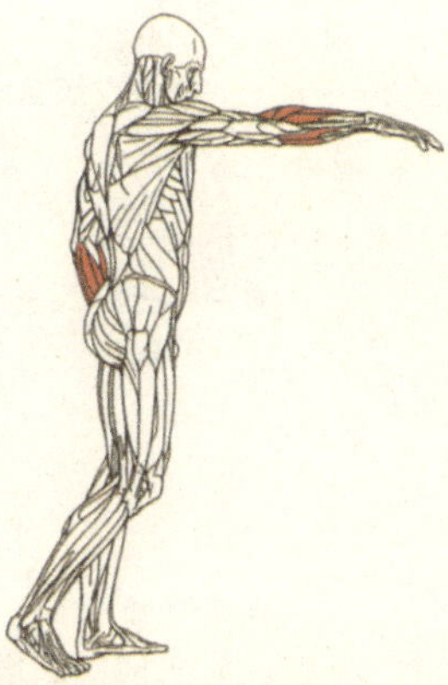
6

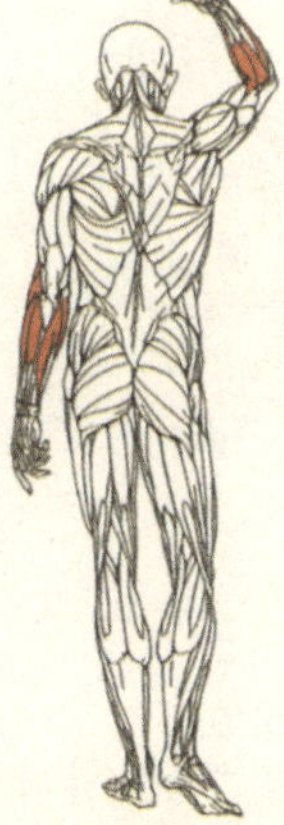
7

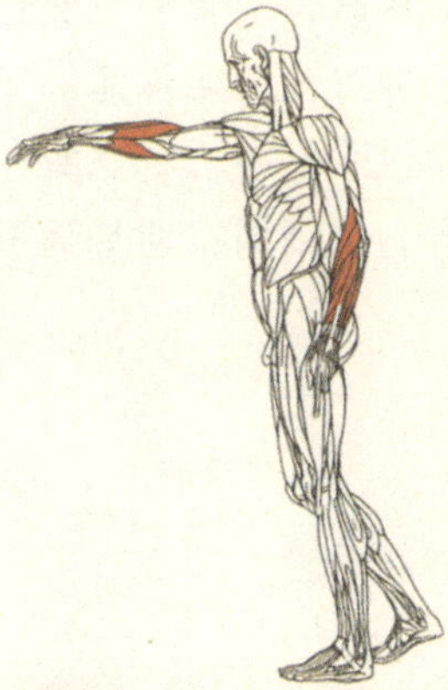
8

问题1：A、B、C.

⚠ **注意，答案的关键点：**如果肱桡肌过短或未发育，会大大增加肱二头肌撕裂的可能性。当手臂弯曲，尤其双手反握时，肱桡肌会以某种方式对肱二头肌进行保护。肱桡肌上提前臂，会覆盖因肱二头肌较短而形成的缝隙。

问题2：A、B、D.

⚠ **注意，答案的关键点：**肱桡肌具有双重功能，因为当前臂旋后时，它会促使手部处于对握姿势（也叫半正握或半反握）。当前臂旋前时，手部也处于对握。

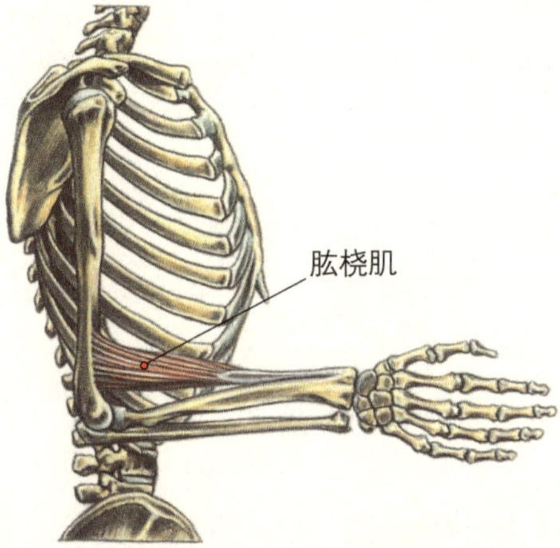

问题3：C.

⚠ **注意，答案的关键点：**对握时，上臂的力量最强；正握时，力量最弱。而反握力量水平在二者之间，比对握力量稍弱，但却强于正握。

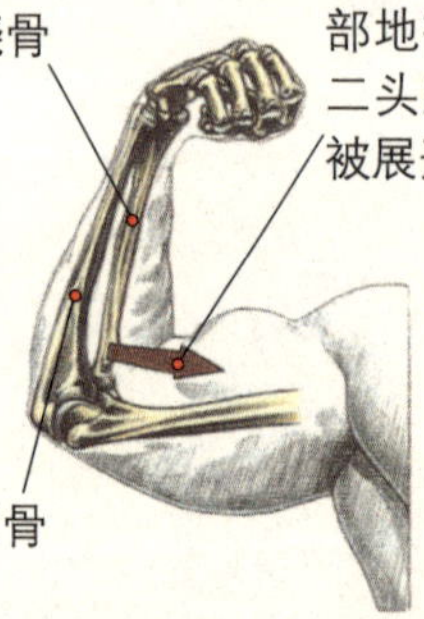

当肱二头肌收缩时，肌腱远端处作用的力使桡骨绕其中轴旋转，同时使手部旋后。

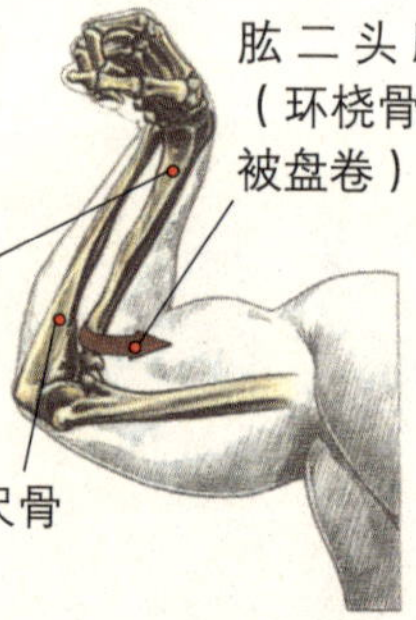

当手部旋前时，肱二头肌肌肉的肌腱远端环桡骨被卷起。

问题4：B.

⚠ **注意，答案的关键点：**桡骨的上半部分呈现椭圆形，在手部旋转时，这种结构可以使它更好地与尺骨相交错。桡骨的弯曲度存在个体差异，因而不同个体手腕旋转能力各不相同。

对于男性，平均旋转度仅有150度。女性的旋转度会大一些，但几乎没有人能达到180度。当肩部转动时，个体旋转度会有所增大，但这样做会可能给三角肌造成损伤，尤其在使用负重较大的器械运动时。由于旋转幅度的极限取决于骨骼，即便个体的柔韧性再强，也无法突破极限。

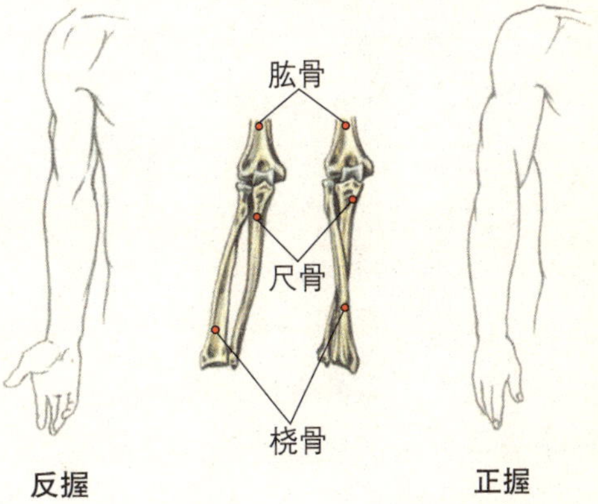

问题5：B.

⚠ **注意，答案的关键点：**

桡骨的弯曲度存在个体差异，旋前肌发达者的拇指往往很难充分向身体后侧转动，但却可以轻松向身体前侧转动。相反，旋后肌发达者可以轻松地将拇指转向身体后侧，而向前旋转则存在困难。

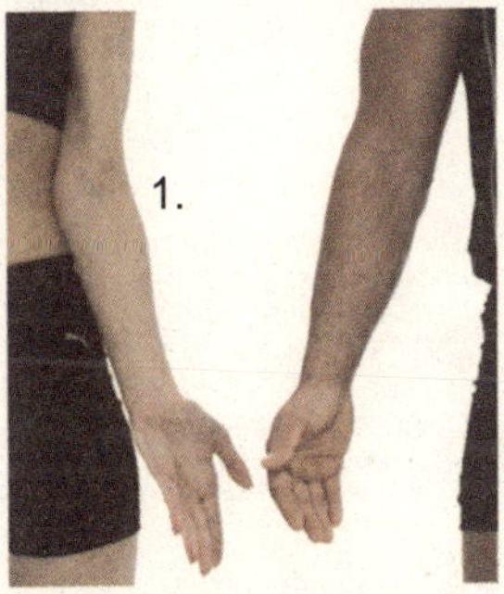

1.旋后肌发达者

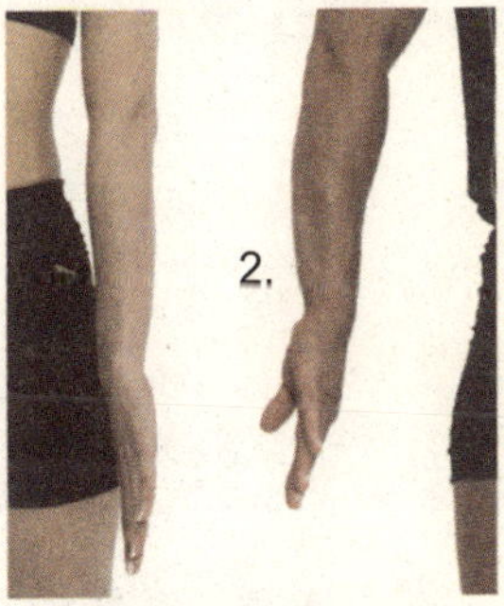

2.旋前肌发达者

问题6：A、D.

⚠ **注意，答案的关键点：**旋前肌发达者很难充分旋转双手去做直杠铃弯举动作。并且当手部反握，双手距离较窄时，做杠铃弯举以及背部下拉动作也不够协调。为了减少这两种动作可能造成的损伤，最好使用曲杠铃或者哑铃，以便更适应他们自身的身体条件。反之，旋前肌发达者可以使用直杠铃进行反向弯举。

问题7：B、C.

⚠ **注意，答案的关键点：**旋后肌发达者若手部反握，可以很好地将拇指转到人体后侧。而手部正握时，把拇指转到后侧就会比较困难。

旋后肌发达者可轻松弯举直杠铃。因此，对他们在手部反握时，窄握直杠铃弯举比窄握背部拉伸训练要更加容易适应。

旋后肌发达者的手腕一般不太灵活，不容易使手部充分旋前，在反向弯举时关节容易受损,尤其是大负荷训练时。哑铃同样会在双手正握时带来一定风险，可能扭伤手腕。如果使用曲杠铃,对大多数旋后肌发达者则比较容易进行反向弯举的训练，且不会对手关节造成负担。

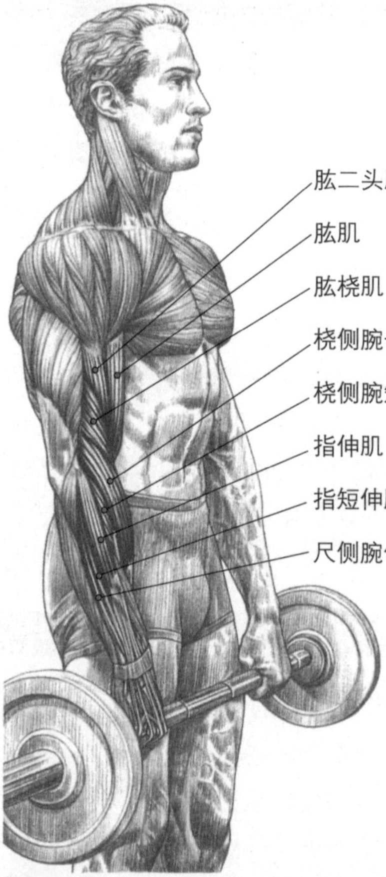

问题8：B.

⚠ **注意，答案的关键点：**没有一个人的手臂是完全直的。为了更容易理解这个问题，你可以到镜子前，身体直立，手臂伸直，拇指尽量向外侧旋转。想象在肩部和肘部中央有一条直线，然后将这条直线一直延伸到手部，如果延长线经过手掌中央，说明你的手臂很直（没有外翻）；如果延长线延伸到手部其他位置，如小指或手部外面，则说明外翻过于明显，也就是说手臂根本不直。

一般，女性比男性的外翻现象更为明显，当然部分男性的外翻现象也同样存在。这并不是缺陷，因此不需要通过拉伸训练来矫正手臂弯曲。但是，如果外翻现象比较严重，应在训练中注意调整，以避免发展成疾病。

例如，当某人手臂弯曲较明显，尝试做直杠铃弯举，则不会太顺利。在各个关节的作用下，手部会自然地向外侧翻转，然而杠铃却将它们固定在一条直线上。杠铃当然不会让步，只能是关节、肌肉或者肌腱遭殃。在旋前肌发达的人身上，这种现象非常明显。

女模特的外翻现象非常明显——请注意，在每个模特身上外翻左右明显不对称。

问题9：A、B、C、D.

⚠ 注意，答案的关键点：

跟其他肌肉相比，前臂是疼痛感比较集中的地方。这不是偶然现象，而是人们长期忽视所造成的结果。此外，日常生活中（肌肉训练和平时体育运动中）时常使用这里的肌肉，也会造成损伤。

前臂肌肉外侧图

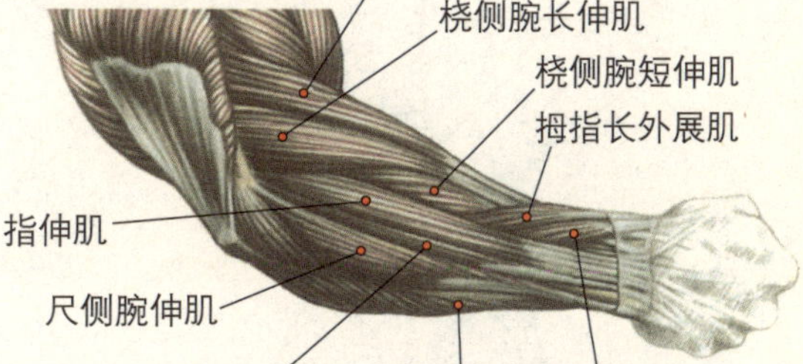

问题10：B.

⚠ 注意，答案的关键点：

当人们使用前臂时，经常是曲臂运动（肱二头肌或者背肌训练），很少有伸展运动，因此容易造成肌肉间对抗力量的失衡，从而引起运动损伤。但是特殊的屈伸动作可有效减少肌肉力量失衡。

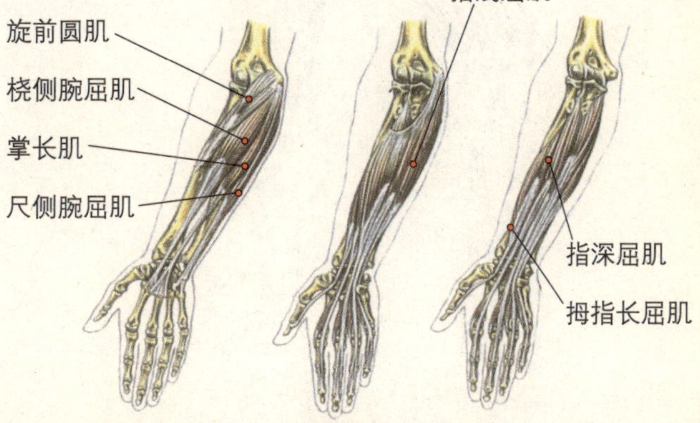

指屈肌

第四章　肩肌

涂色题1

请在右臂找出肩肌前束和后束，在左臂找出中束。

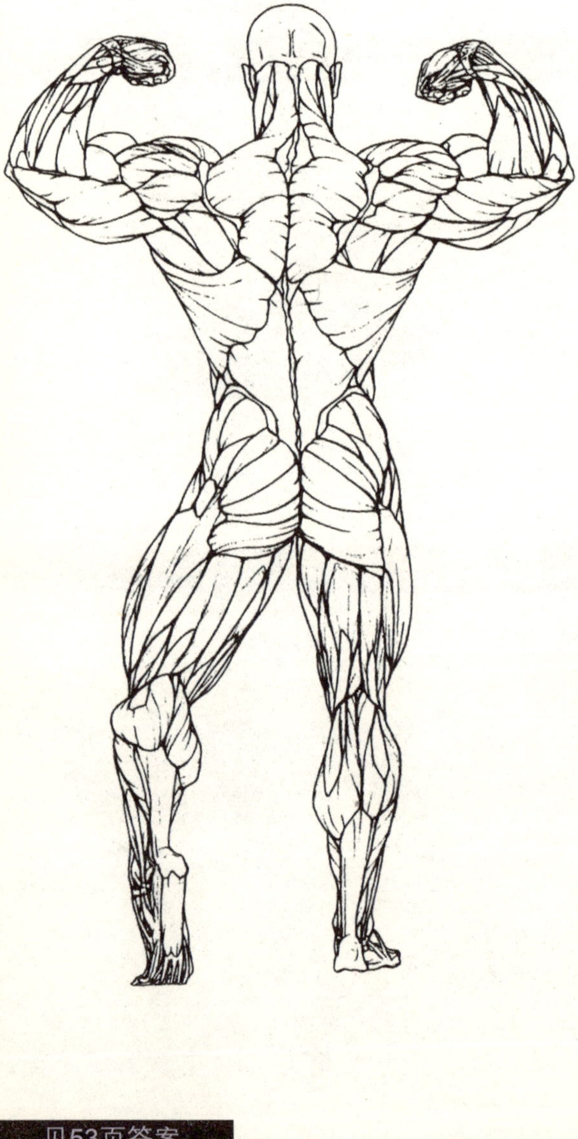

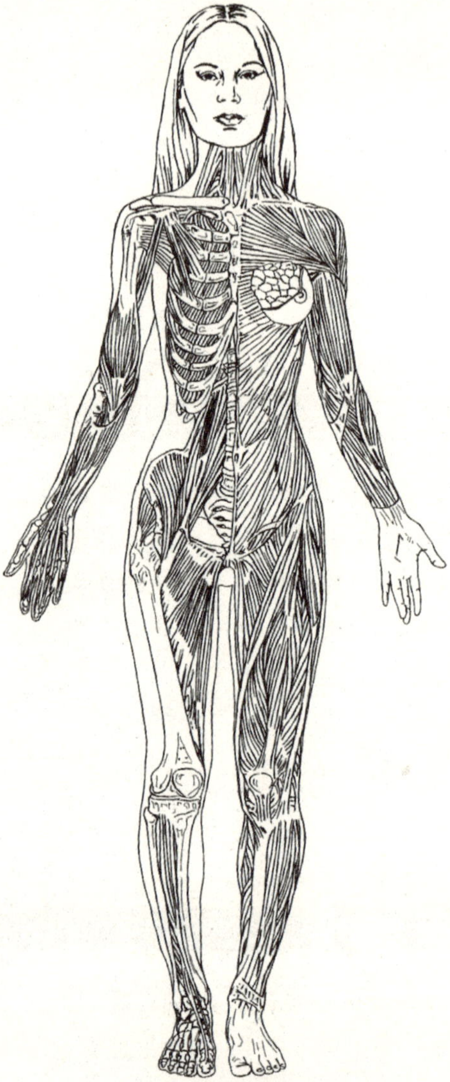

涂色题2

请找出肩部肌肉。

见53页答案

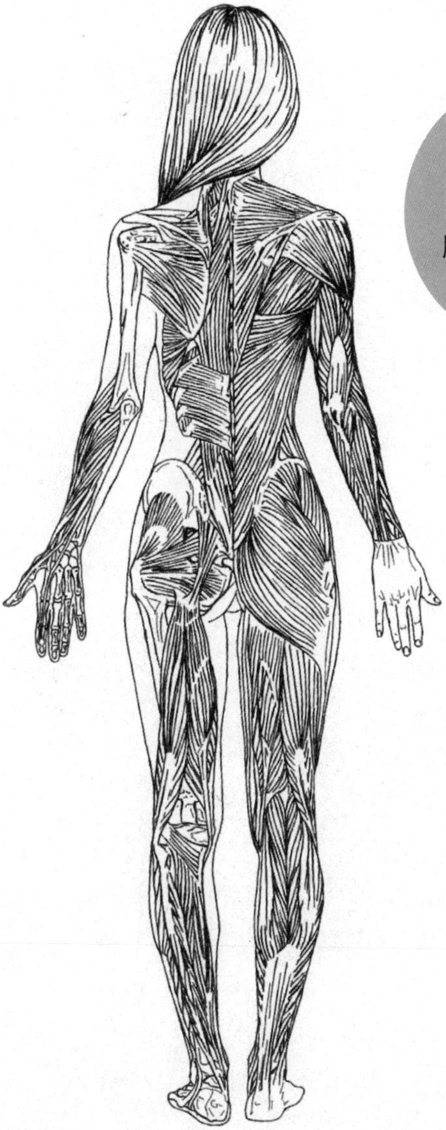

涂色题3

请找出肩部肌肉。

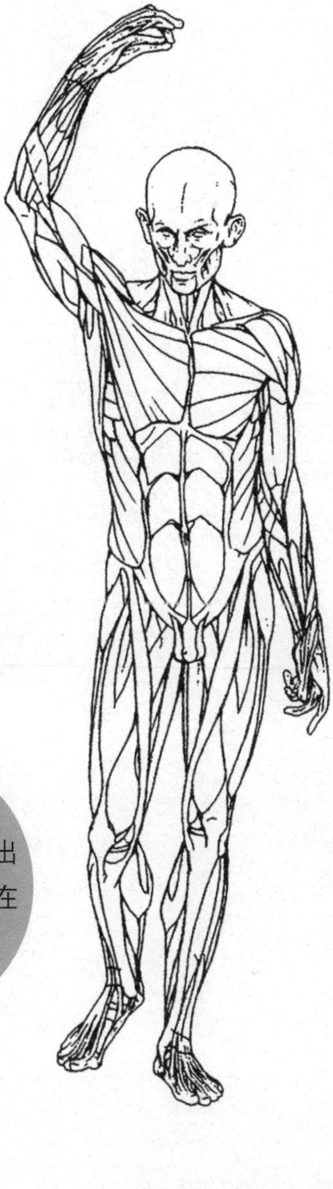

涂色题4

请在右臂找出肩肌前束肌肉，在左臂找出中束。

见53页答案

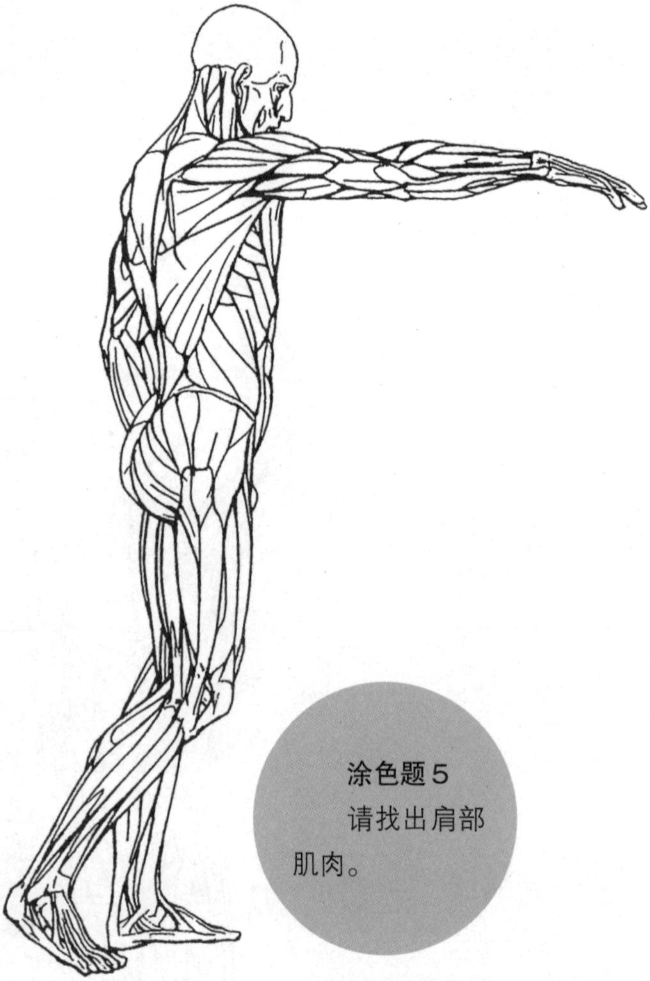

涂色题6

请在右臂找出肩肌的中束，在左臂找出后束。

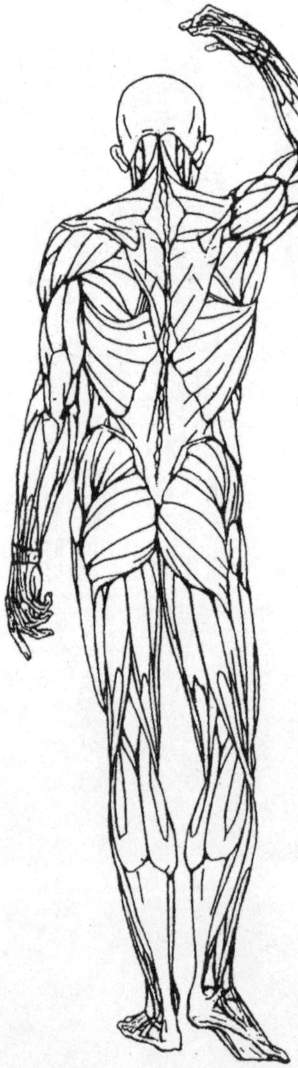

涂色题5

请找出肩部肌肉。

见53页答案

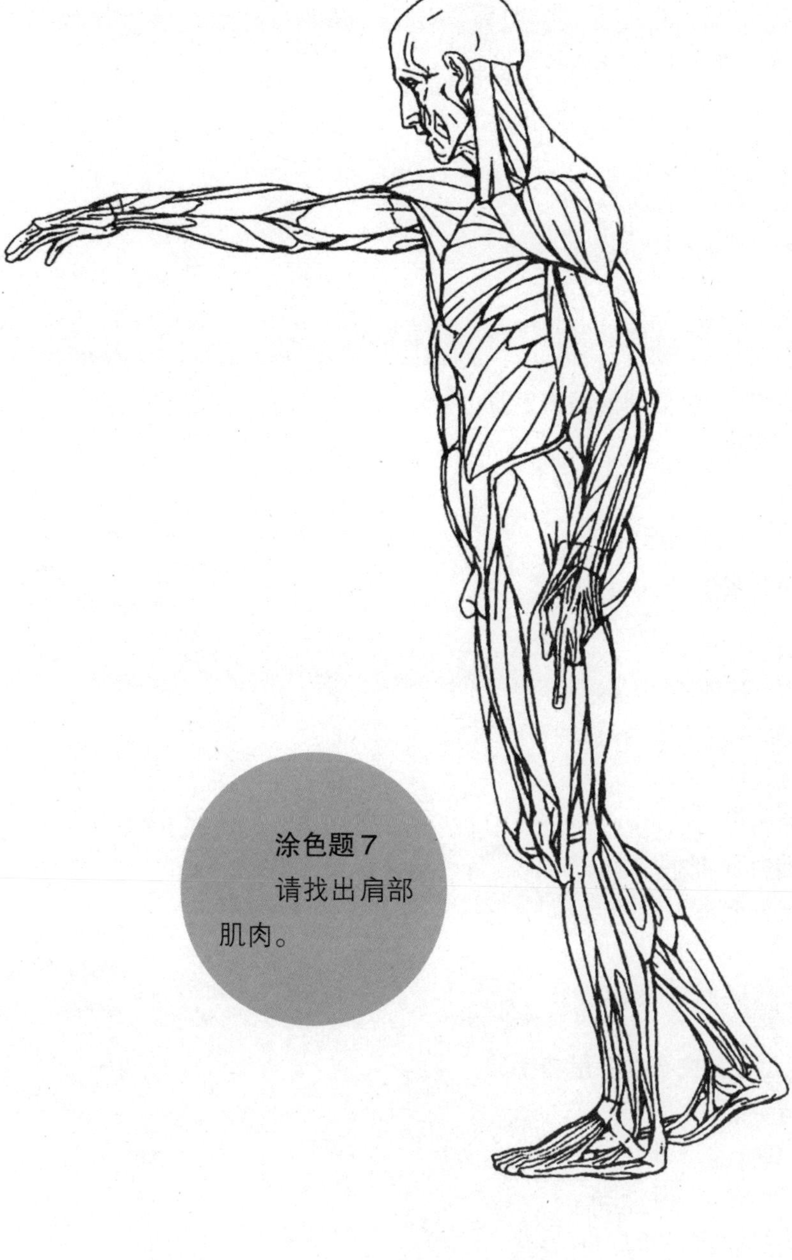

涂色题7

请找出肩部肌肉。

见53页答案

肩肌的解剖学及生物力学相关问题

问题1

人们习惯上把三角肌分为几个部分?

☐ A.2

☐ B.3

☐ C.4

☐ D.5

问题2

三角肌前束的主要功能是将手臂:

☐ A.向后抬。

☐ B.向前抬。

☐ C.向前抬并靠近胸廓。

☐ D.向外侧抬。

问题3

三角肌中束的主要功能是:

☐ A.向后抬。

☐ B.向前抬。

☐ C.向前抬并靠近胸廓。

☐ D.向外侧抬。

问题4

三角肌后束的主要功能是将手臂:

☐ A.向后抬。

☐ B.向前抬。

☐ C.向前抬并靠近胸廓。

☐ D.向外侧抬。

见54-55页答案

问题5

哪些肌肉可控制三角肌的旋转：

☐ A.冈上肌。

☐ B.冈下肌和小圆肌。

☐ C.盂唇。

☐ D.肩胛下肌。

肩肌的力量加强训练相关问题

问题6

除了三角肌，那块肌肉可以使上臂向外侧抬起？

☐ A.肩胛下肌。

☐ B.大圆肌。

☐ C.冈上肌。

☐ D.冈下肌。

问题7

在进行杠铃颈后推举时，对于哪些人来说，很难完全降下杠铃？

☐ A.肩宽。

☐ B.肩窄。

☐ C.前臂长。

☐ D.前臂短。

见56-57页答案

问题8

肌肉训练时，肩肌前部肌肉疼痛，最常见的引发原因是什么?

☐ A.三角肌前束的肌腱炎。

☐ B.胸大肌锁骨束的撕裂。

☐ C.肱二头肌长头肌腱的炎症反应。

☐ D.胸小肌的过度紧张。

问题9

当进行肩肌后束的肌肉练习时，有时手指会出现针刺感或者颈部神经性疼痛，这是由哪个具体部位引起的?

☐ A.手指。

☐ B.肘部。

☐ C.颈部。

☐ D.手臂。

问题10

当进行肩肌后束的肌肉练习时，有时手指会出现针刺感或者颈部神经性疼痛，为避免出现这一问题，头部应采用哪种姿势?

☐ A.头部尽量抬高。

☐ B.头部尽量低下。

☐ C.向前方看。

☐ D.将头摆在旁边。

见57-58页答案

肩肌的相关问题答案
（图解①、②、③、④、⑤、⑥、⑦）

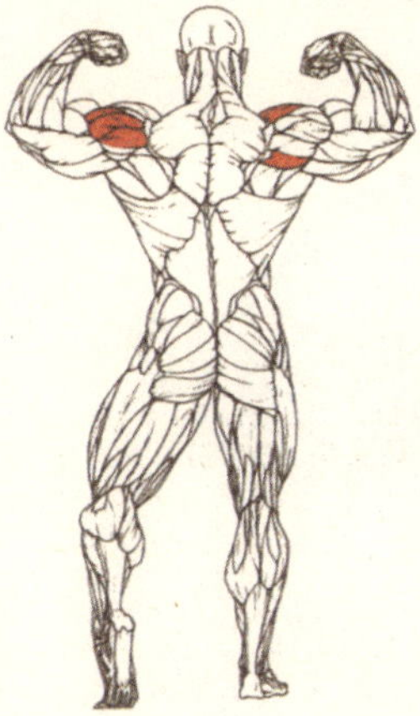

1

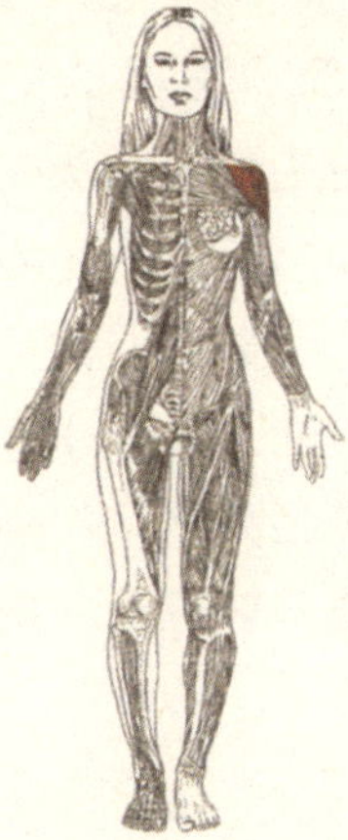

2

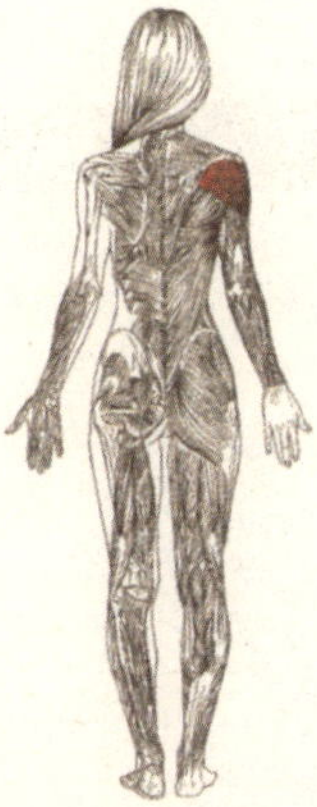

3

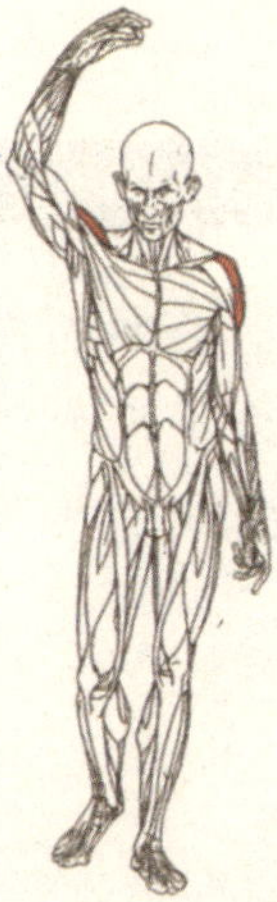

4

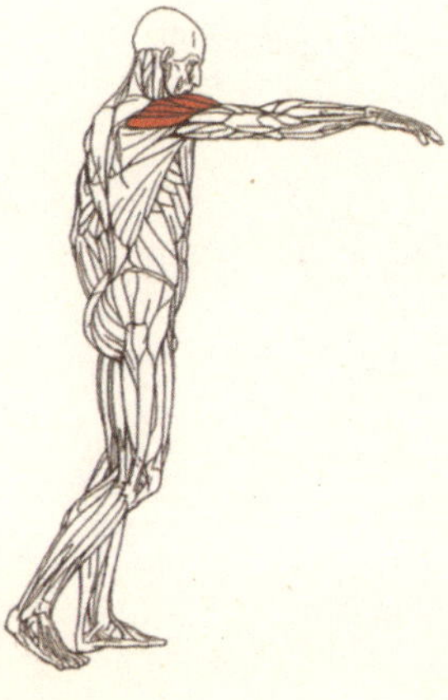

5

6

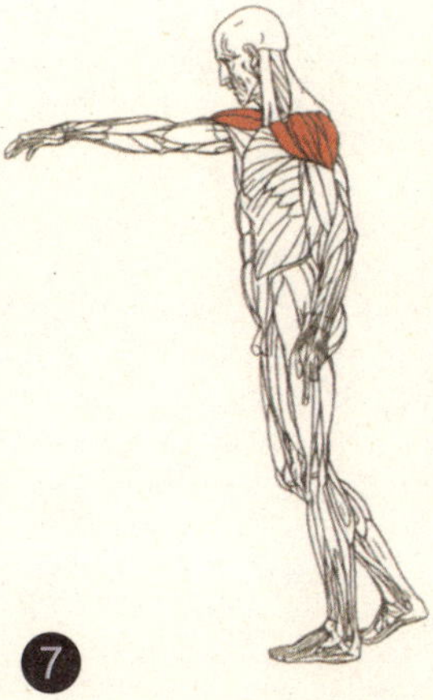

7

问题1：B.

注意，答案的关键点：

一般，人们把三角肌分为三个头：前束、中束和后束。这主要是根据肌肉的角度而划分的。然而有些作者，如戈雷利克（2007）则基于神经分布细分了三角肌，把前束、后束分别细分成两部分和四部分，共七部分。

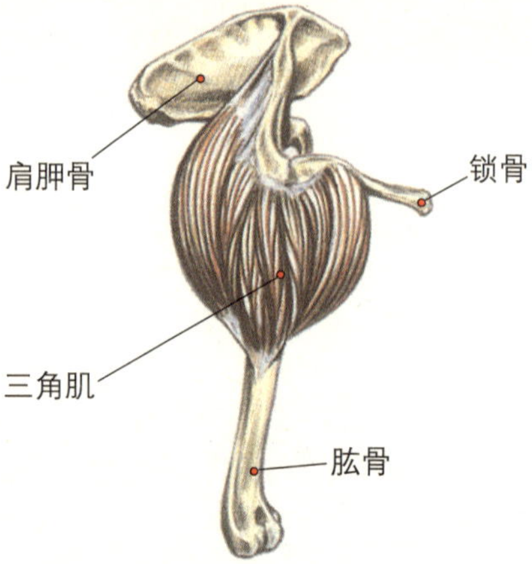

问题2：B、C、D.

注意，答案的关键点：三角肌前束可将大臂前抬，也参与侧抬动作，尤其是当手部正握时。

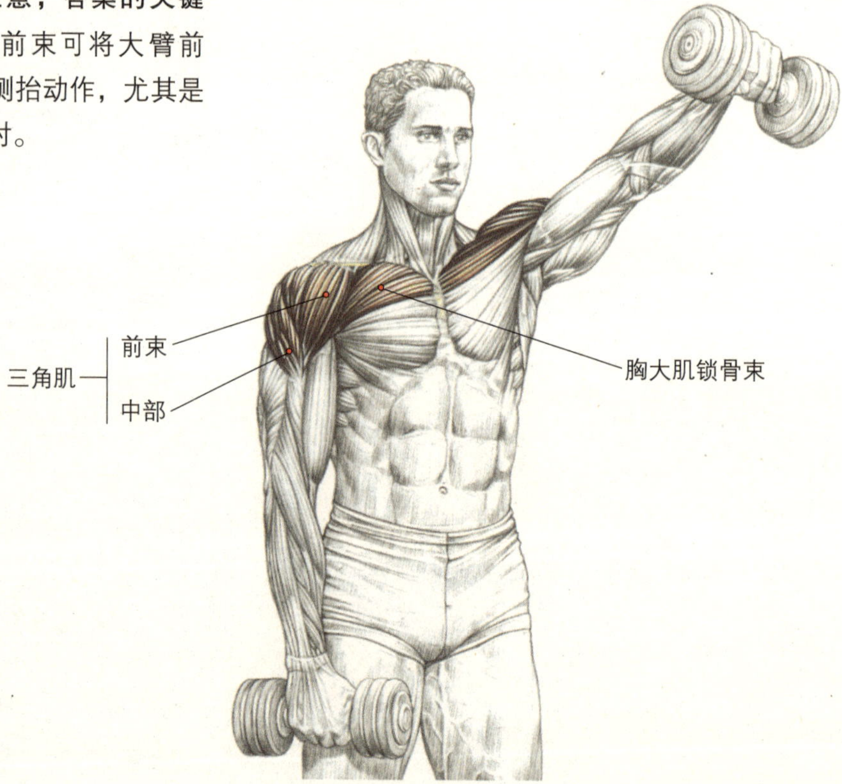

问题3：D.

⚠ **注意，答案的关键点：**三角肌中束可将大臂向两侧抬伸。

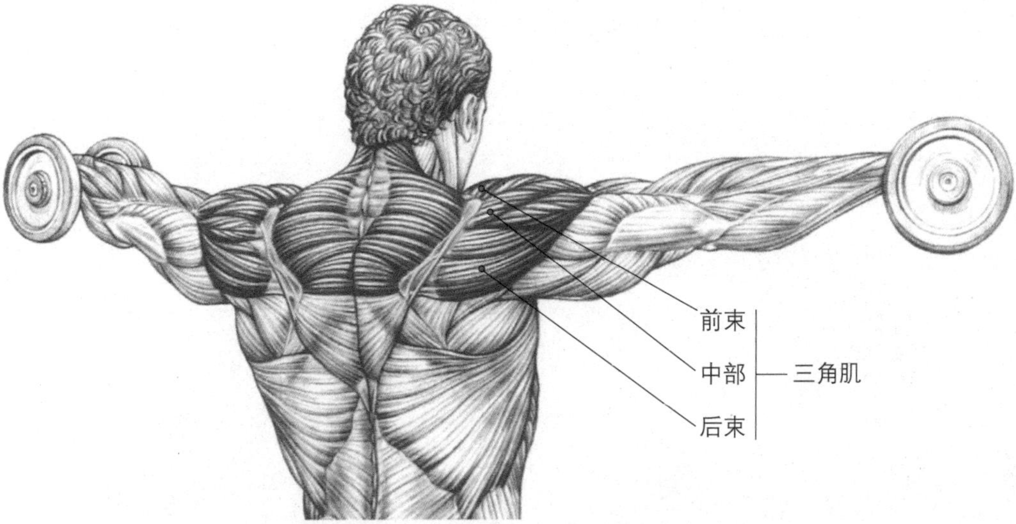

问题4：A.

⚠ **注意，答案的关键点：**三角肌后束可将手臂外展到身体后侧。

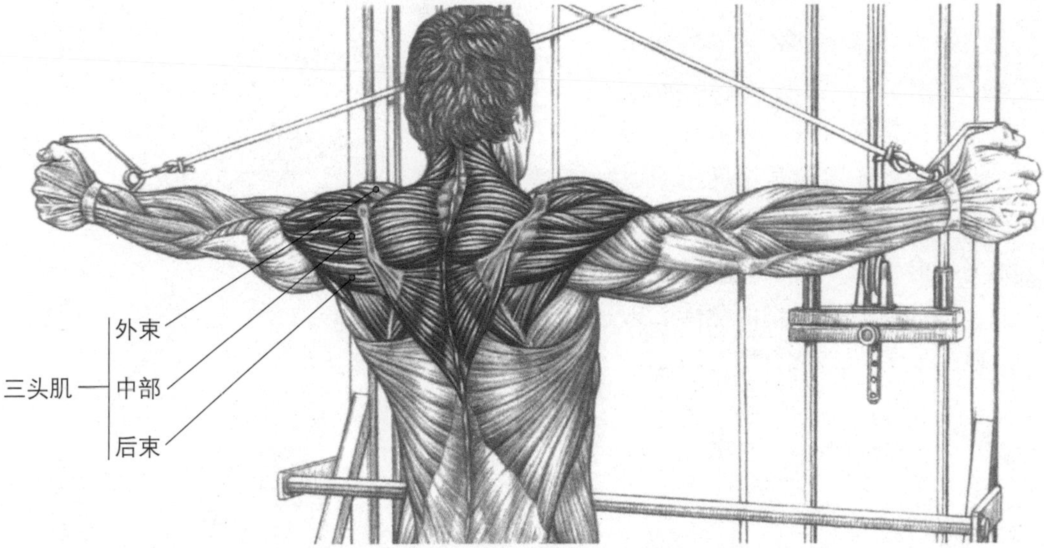

问题5：A、B、D.

注意，答案的关键点：控制三角肌旋转的肌肉群又被统称为肩袖。它可以将肱骨头稳定于肩胛盂上，这些肌肉群的运动影响着肩关节的内旋、外旋和上举活动。

肩关节盂唇是一种软骨环，可将肱骨牢牢固定在关节盂上。在运动过程中，它容易受到损伤。

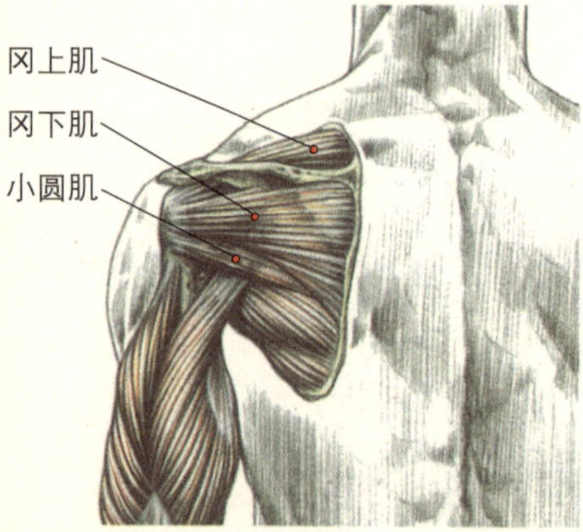

肩袖肌肉群，背面

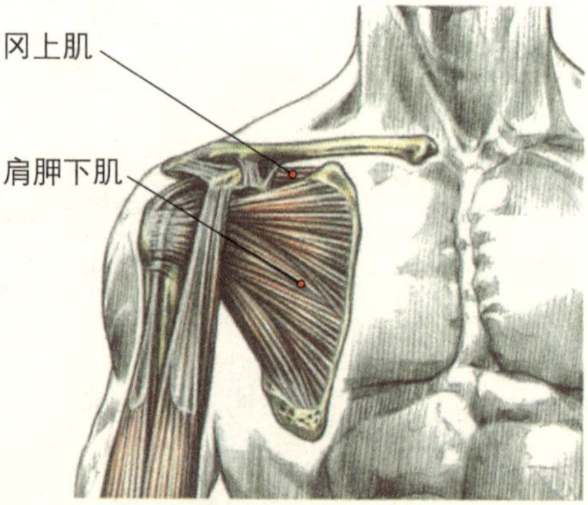

肩袖肌肉群，正面

问题6：C.

注意，答案的关键点：当使用杠铃——阻力来自外侧时，由冈上肌负责手臂的外展动作（向外侧举起）。而当使用大型器械或者低滑轮——阻力来自水平时，它的作用相对较小。密集的训练会导致冈上肌肌腱变厚，从而增大肩峰肌腱的摩擦面积，这可能会引起肌肉发炎，甚至撕裂。所以，为了降低受伤的危险，锻炼冈上肌应适度，切勿过度。

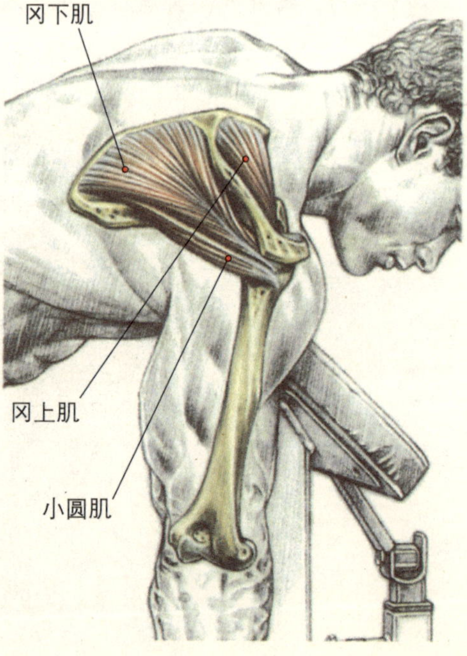

问题7：B、C.

⚠ **注意，答案的关键点：** 在进行杠铃颈后推举时，一般人都无法灵活地将杠铃完全降下。如果训练者的肩比较窄，在杠杆还未完全降下时，锁骨会影响斜方肌、菱形肌的拉伸。这种情况下，没有其他办法可以使杠杆进一步降低。

手臂越长，动作幅度就越大。如果前臂很长，拉伸三角肌前束（如同拉伸肱二头肌的长头）具有很大的危险性，可能会导致训练受伤。所以，在训练时应遵循个体自身形态学特点，而不要单纯听从“完全训练幅度”的指令。

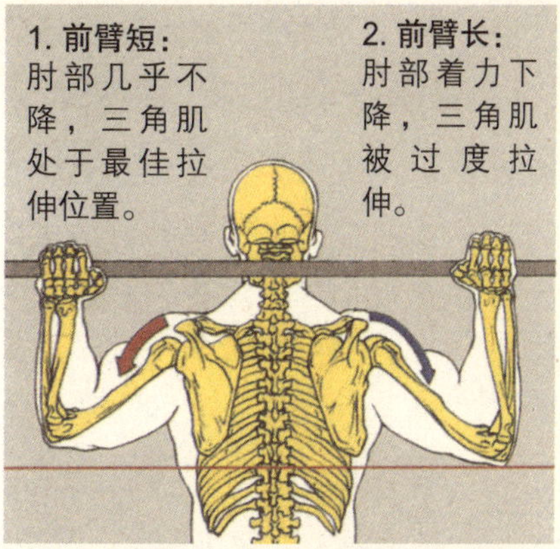

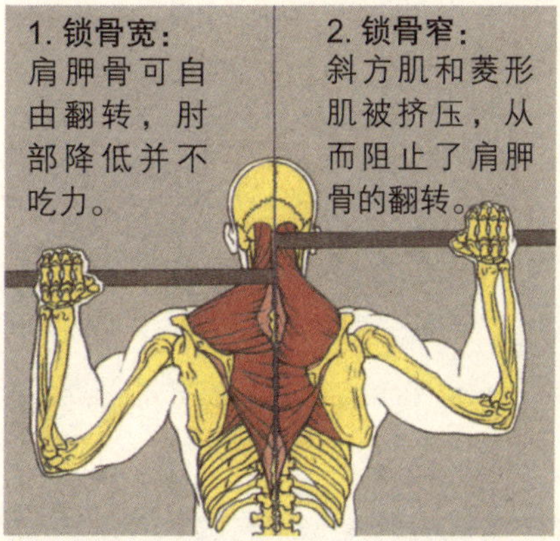

问题8：C.

⚠ **注意，答案的关键点：** 与大多数人想象的不同，肩肌前部肌肉疼痛并不来源于肩肌的病痛，而往往是由肱二头肌长头的上肌腱的拉伸或者摩擦过度所引起的。肩肌前部肌肉疼痛炎症反应可能由肌腱被磨平引起的，时常出现在胸肌、肩肌或者肱二头肌的训练中（见第一章，第14和17页）。

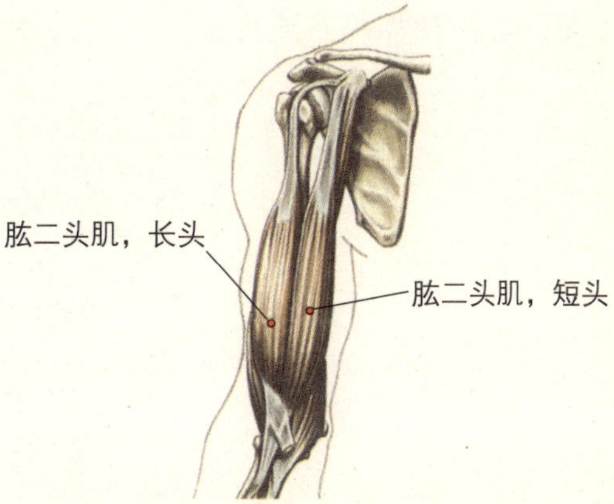

问题9：C.

⚠ **注意，答案的关键点：**头部位置不当经常会引起这种麻烦。当训练颈后部肌肉时，若保持仰面朝天的姿势，很可能会对臂丛的神经流产生阻碍。因为神经贯穿整个手臂，呈放射性分布，会对手臂、肩部和手部产生影响。

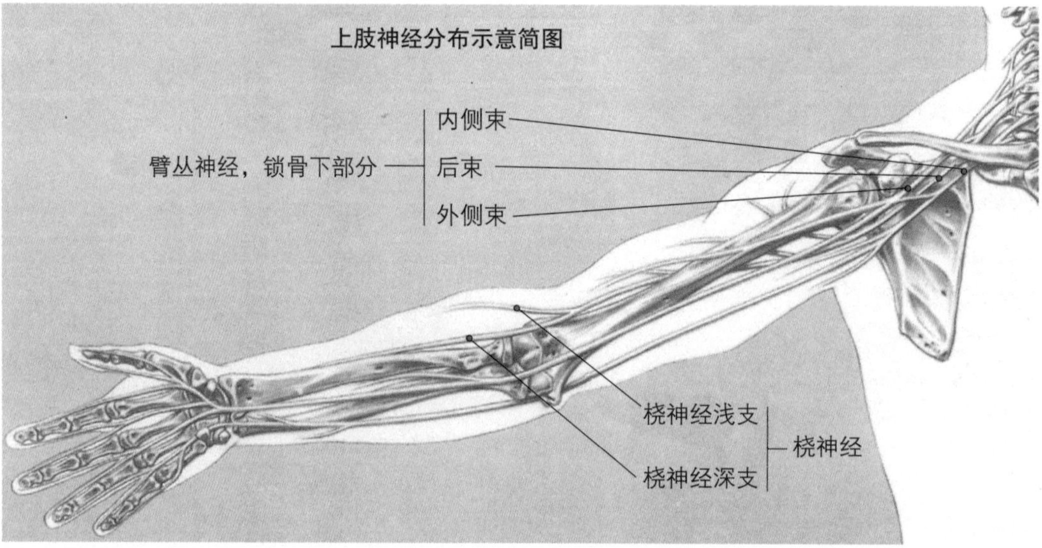

问题10：B.

⚠ **注意，答案的关键点：**为了不阻碍神经冲动，只要将下巴尽量贴近胸部即可。若将头部抬高则会加重病情。

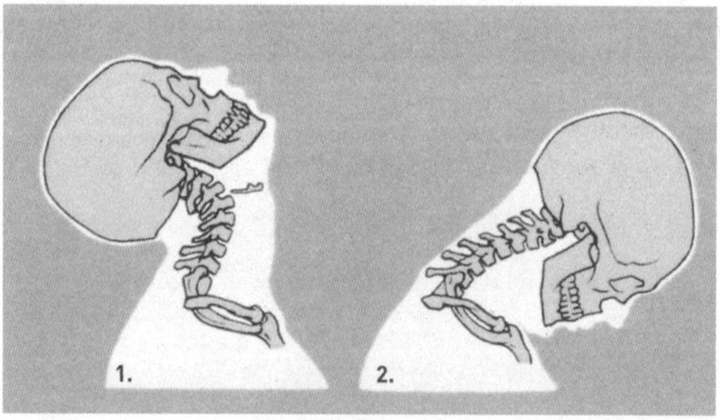

1. 伸长颈部，对于双杠臂屈伸、颈后推举、深蹲和屈腿硬拉这些练习，这是一种非常危险的动作。
2. 颈部置前，下巴靠着前胸，对于容易产生颈部神经性疼痛的人，在做双杠臂屈伸、颈后推举时，这是一种比较保险的动作。

第五章　胸肌

涂色题1

请标出人体右半边的胸大肌锁骨束和左半边的胸大肌下部。

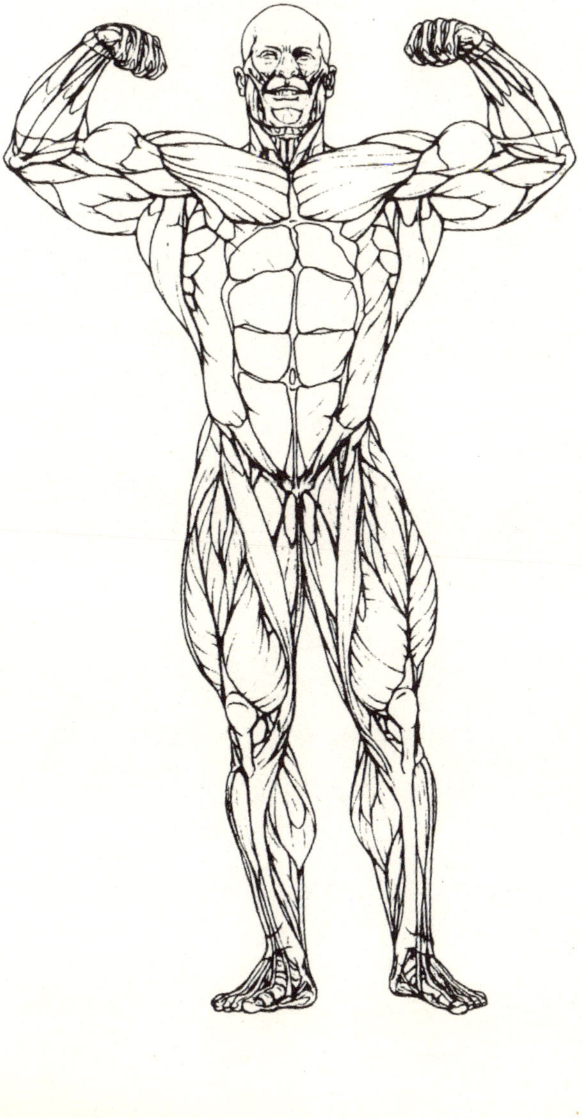

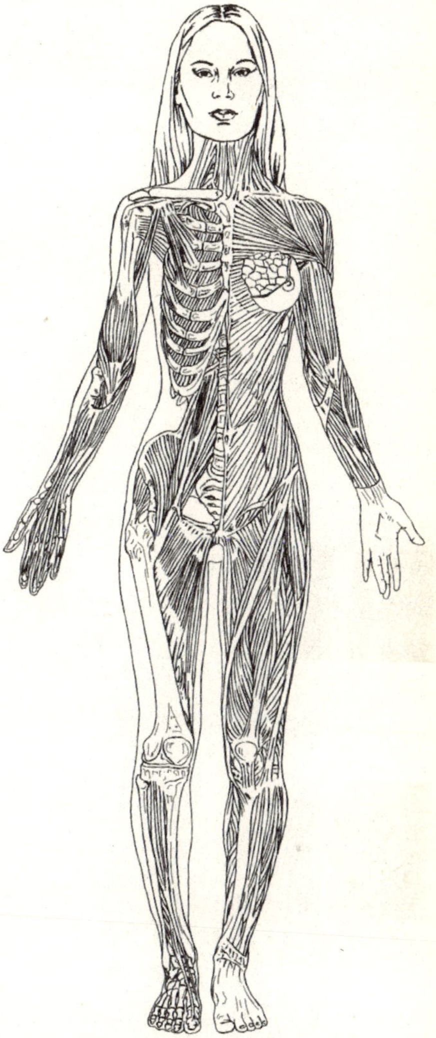

涂色题2

请标出人体右半边的胸小肌和左半边的胸大肌。

见66页答案

涂色题 3

请找出胸肌。

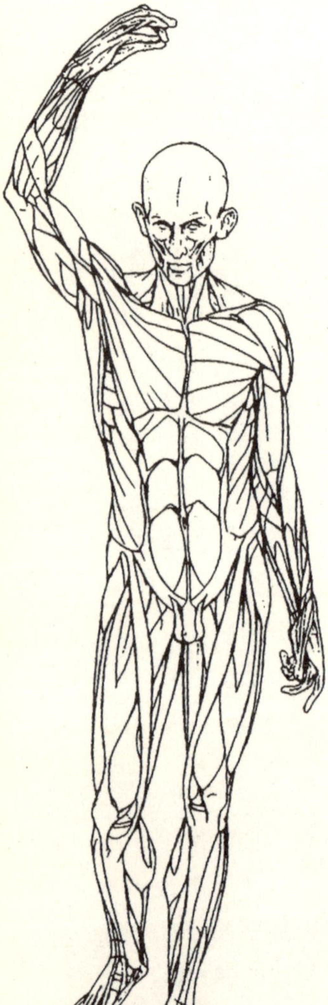

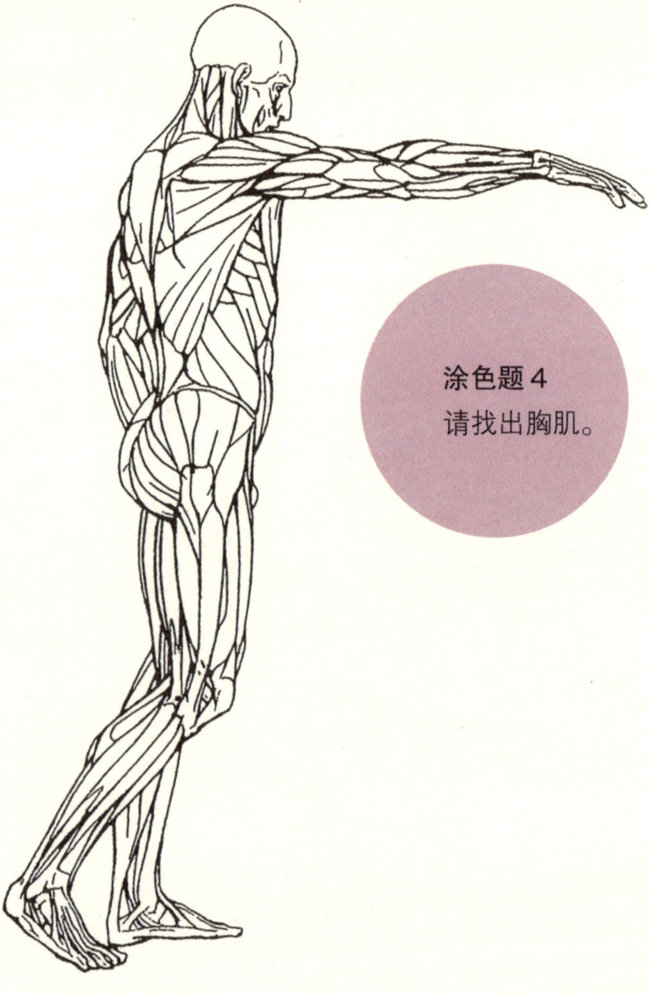

涂色题 4

请找出胸肌。

见66页答案

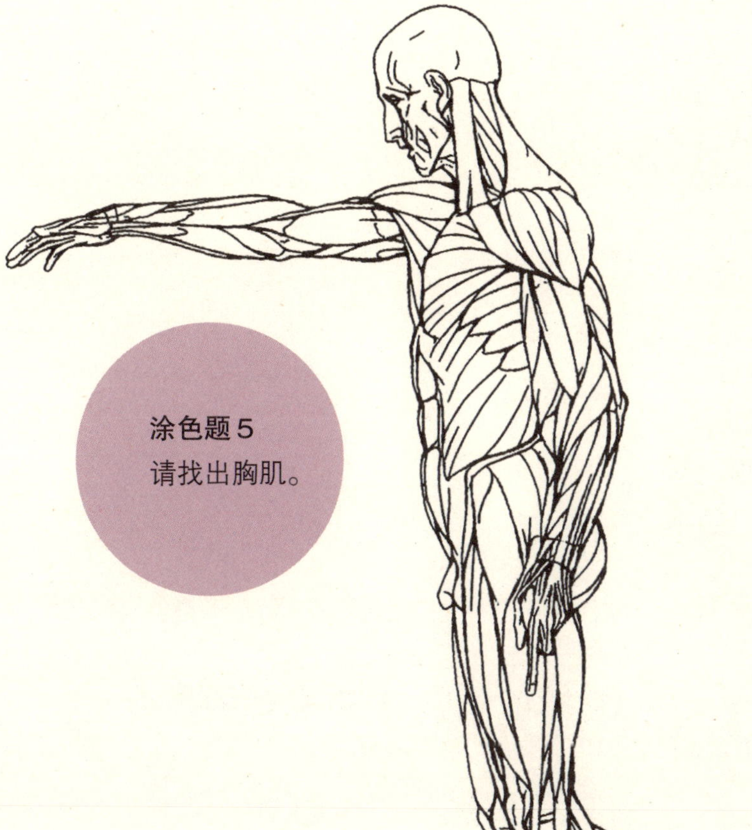

涂色题 5

请找出胸肌。

见66页答案

胸肌的解剖学相关问题

问题1

胸大肌的作用是什么？

☐ A.抬升手臂。

☐ B.使手臂前伸。

☐ C.使两手臂互相收紧。

☐ D.稳定肩胛骨。

问题2

胸小肌的作用是什么？

☐ A.使两手臂互相收紧。

☐ B.稳定肩胛骨。

☐ C.加强胸肌上部。

☐ D.抬升手臂。

胸肌的生物力学相关问题

问题3

卧推与俯卧撑（面朝地，手臂向上推举身体）相比：

☐ A.这两种练习完全不同，训练的是不同的肌肉。

☐ B.由于是同一类运动，肌肉的活动十分相似。

☐ C.俯卧撑可重点刺激前锯肌。

☐ D.推动角度不同。

 见67-68页答案

问题4

灵活的肩胛骨可有效地：

☐ A.锻炼胸肌，但不利于锻炼背肌。

☐ B.锻炼背肌，但不利于锻炼胸肌。

☐ C.同时锻炼背肌和胸肌。

☐ D.灵活的肩胛骨既不会影响背部肌肉运动，也不会影响胸部肌肉运动。

胸肌的力量加强训练相关问题

问题5

在胸肌的卧推训练时，应该避免哪种杠铃握法？

☐ A.所有手指都在杠铃同一侧。

☐ B.拇指在一侧，其余手指在另一侧。

☐ C.拇指在食指上。

☐ D.拇指在食指下。

问题6

为了加强胸肌力量，应该：

☐ A.在卧推训练前，使用孤立训练动作进行预疲劳练习。

☐ B.在卧推训练后，使用孤立训练动作进行后疲劳练习。

☐ C.将训练负重增至最大。

☐ D.减轻负荷，将注意力集中到肌肉群的训练上。

见68-69页答案

问题7

胸肌发育较晚：

☐ A.应采用下斜卧推训练。

☐ B.采用下斜卧推训练不会有任何进展。

☐ C.如果不采用双臂同时训练，而是单臂训练，则更有机会达到肌肉均衡。

☐ D.继续采用平板卧推来均衡训练，可结束此种状况。

胸肌的经典病理学相关问题

问题8

卧推时，若将杠铃充分降低至胸肌处，在什么情况下会非常危险？

☐ A.胸廓半径较大。

☐ B.胸廓扁平。

☐ C.前臂和上臂较长。

☐ D.前臂和上臂较短。

问题9

在做卧推训练及双杠臂屈伸时，哪种握法最易引起胸大肌撕裂？

☐ A.两手距离适中。

☐ B.两手距离较窄。

☐ C.两手距离较宽。

☐ D.对握。

 见70-71页答案

问题10

训练胸肌时，胸骨疼痛意味着：

☐ A.运动姿势不标准。

☐ B.个体体质太过脆弱，对疼痛太过敏感。

☐ C.胸骨十字软骨并未完全骨化，从而使胸骨太过灵活。

☐ D.胸肌发育好。这是个好兆头，应咬紧牙关继续训练。

见71页答案

胸肌的相关问题答案
（图解①、②、③、④、⑤）

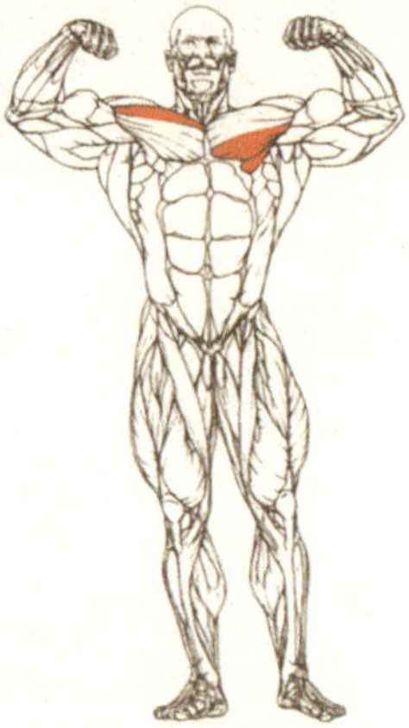

1

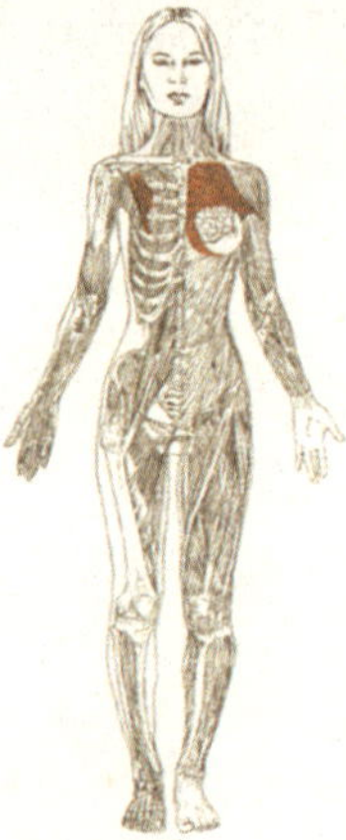

2

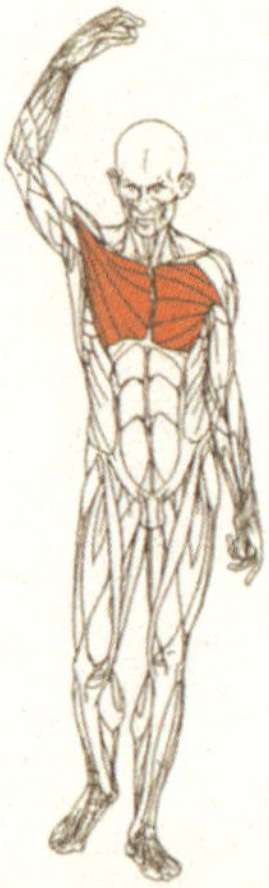

3

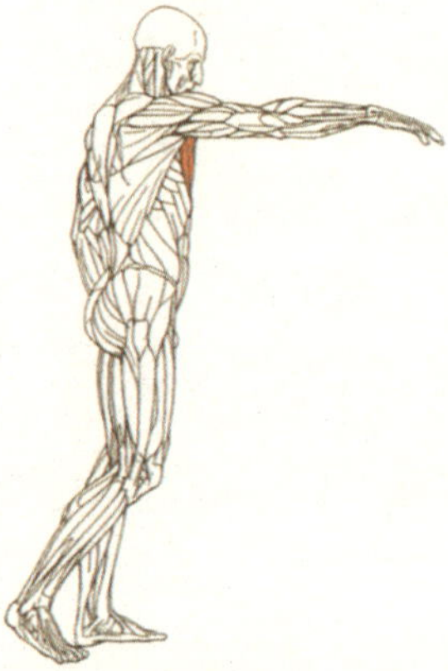

4

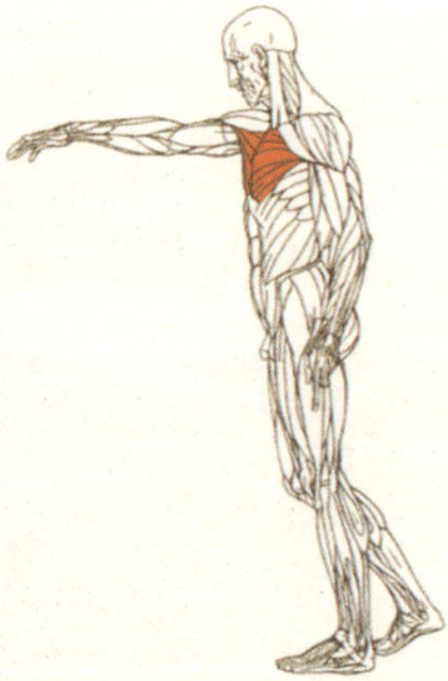

5

问题1：A、B、C.

⚠ **注意，答案的关键点：**胸大肌的作用很明确：使手臂前伸和使两手臂收紧。在肩肌前束肌肉和胸大肌锁骨束肌肉的协同作用下，手臂可以自由地伸展。

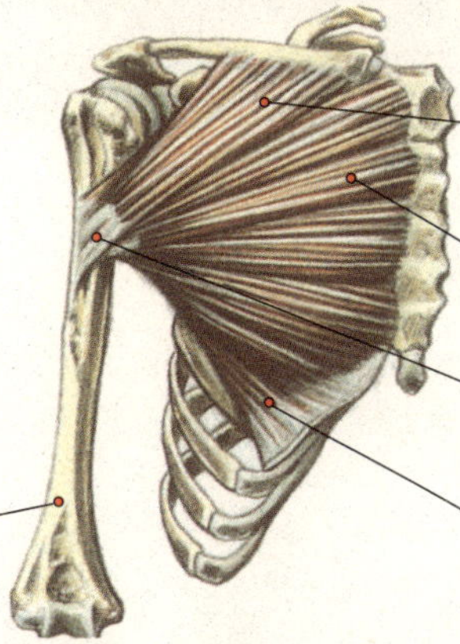

胸大肌

问题2：B.

⚠ **注意，答案的关键点：**胸小肌藏在胸大肌下。它的主要功能是稳定肩部，特别是肩胛骨。由于其太过狭小，因此无法增强胸肌。而且在做卧推时，胸小肌有时会产生疼痛。为了正确找出问题产生的症结，明确它的位置就显得非常重要。很多情况下，胸小肌腱炎经常与肩部疼痛产生混淆，若用手按压产生疼痛，则表明已经出现炎症，应及时休息或者对胸肌训练进行节制。

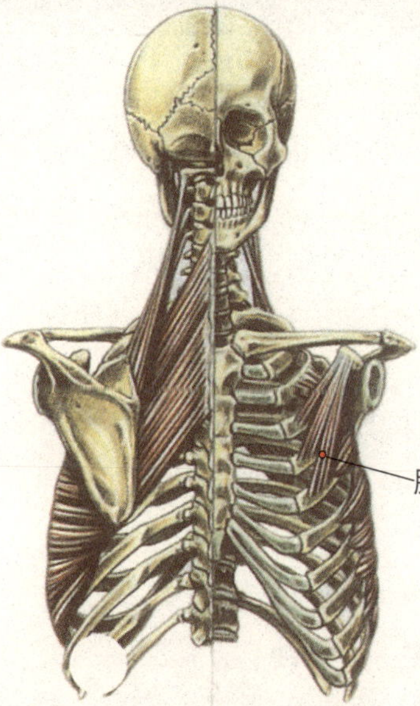

维持肩胛骨稳定的肌肉

问题3：C、D.

⚠ **注意，答案的关键点：**这两种运动的角度不同，俯卧撑的角度比卧推更大些。但最主要的不同是，在这两种运动中，肩胛骨表现出的稳定性不同。在卧推中，肩胛骨靠在长凳上，使得前锯肌不必参与运动。在做俯卧撑时，没有任何器械固定肩胛骨，迫使前锯肌参与运动。比起卧推，俯卧撑更受运动员欢迎，如拳击运动员和游泳运动员，在前锯肌的帮助下，俯卧撑有利于加强肩部的功能训练，因为俯卧撑可以使得肱骨和肩胛骨关节盂更好地保持线性排列。

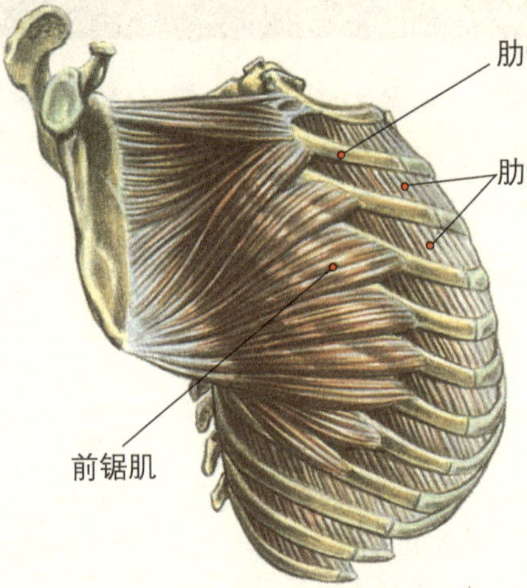

前锯肌

问题4：B.

注意，答案的关键点：在做卧推和双杠臂屈伸训练时，肩胛骨越灵活，越不易固定肩部和胸廓。

若肩胛骨不灵活，则更容易：

——保持胸廓高度，降低训练的幅度；

——使胸肌保持在利于训练的位置上；

——缩肩，避免干扰胸肌训练。

但是，灵活的肩胛骨对于训练背肌是优点，也有利于需要灵活肩部的体育运动，例如，投掷、拳击、游泳……

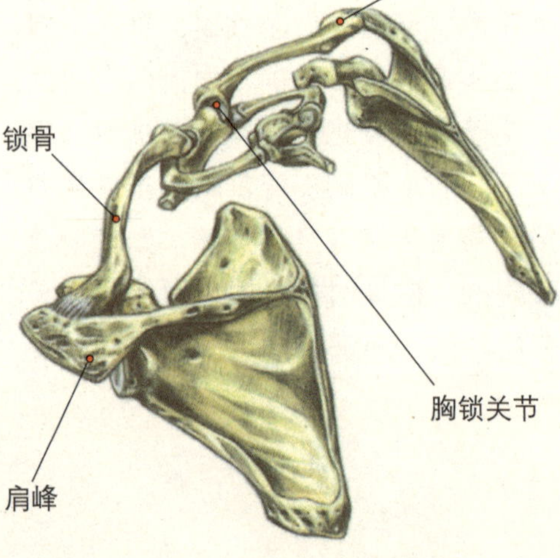

肩胛带

问题5：A、D.

⚠ **注意，答案的关键点：**从安全角度来说，最好自由抓杆，拇指放在一侧，其他手指放在另一侧。如果所有手指都在杠铃同一侧，则会：

——增大与杆的接触面积；

——使得手腕能够轻微地向外转，这种姿势更加自然；

——容易握杆不牢，有脱杆的危险，甚至引起生命危险。

拇指放在食指下是个不好的习惯，因为会减弱手部的力量。

为了尽量安全，应将拇指放在一侧，其他手指放在另一侧，尽量用手指包围杠铃杆。

若拇指不在另一侧，杠铃杆未被手指包围，则随时有可能脱手，如果下颌或者颈部朝向地面跌落，则会导致严重的身体伤害。

问题6：B、D.

⚠ **注意，答案的关键点：**实践证明，当人们感到肌肉疼痛时，继续加大训练负重不是好办法。若负重超过一定限度，会导致人们则无法敏锐地感受到肌肉荷载。正确的做法是，应该减轻负重，找准"落伍"的肌肉进行针对性训练，同时尽量减少预疲劳训练。如布伦内克（2009）和让蒂尔（2007）等研究者曾指出，如果在卧推训练前进行平卧哑铃飞鸟训练，手臂向两侧分开时，胸肌非但不会更多地参与到训练中，反而会导致肱三头肌更多地释放20%～30%的力量弥补胸肌发力的缺失。相反，采用后疲劳练习则是一种有效而理想的解决方案。

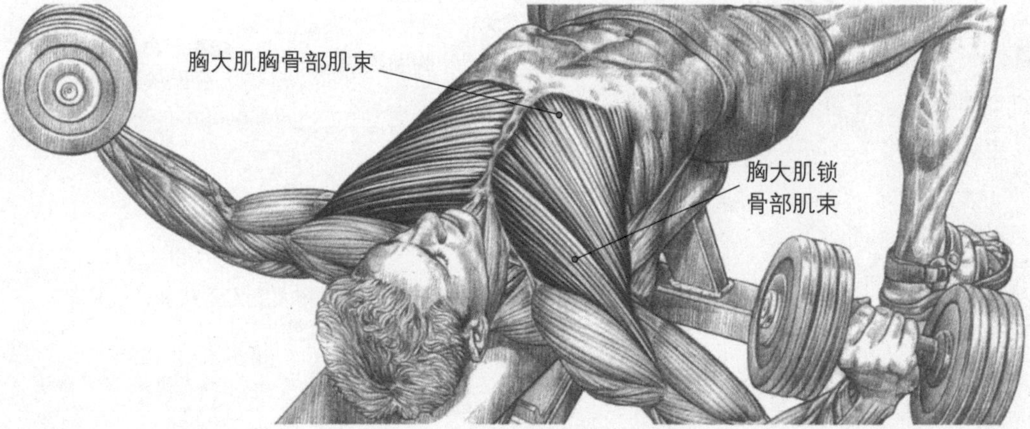

问题7：B、C.

⚠ **注意，答案的关键点：**若你发现胸肌发育迟缓，继续训练并不会使它消失。第一种解决方法是进行下斜卧推训练而不是平板卧推训练。但是很不幸，对于绝大多数运动员，这样会使肩肌的发育效果明显，而并非胸肌。

有的人胸大肌肌腱附着肱骨的位置较高，由于此肌腱距离肩部太近，所以很难将其完全伸展开。如果锁骨束肌肉没有进行拉伸准备活动，胸肌和肩肌就只有较低处得到了锻炼。

有的人胸大肌肌腱附着在锁骨的较低处，相对而言其力量较大，特别是进行平板卧推的训练时会使力量更大，拉伸准备活动对控制周围肌肉的活动将会更加有利。

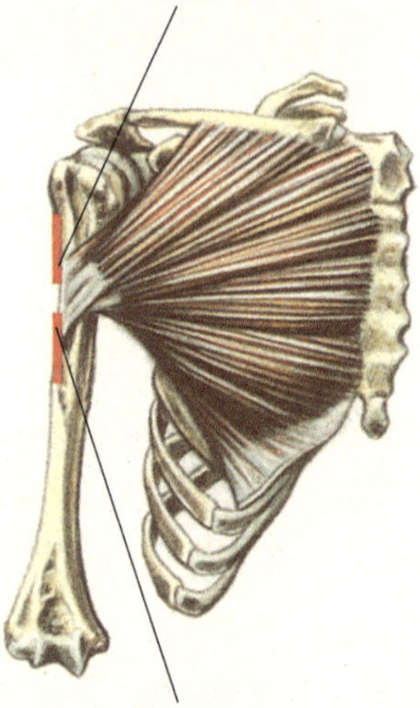

问题8：B、C.

⚠ **注意，答案的关键点：**胸廓半径越大，运动幅度越小。相反，胸廓半径约小，杠铃将可以降得更低，运动幅度反而增大。同样的道理，上臂越长，运动幅度越大，但这会导致过度拉伸胸大肌。若胸廓扁平而同时手臂较长，相对于上臂短且胸廓半径大的个体而言，在进行胸肌的复合训练时会更加危险。

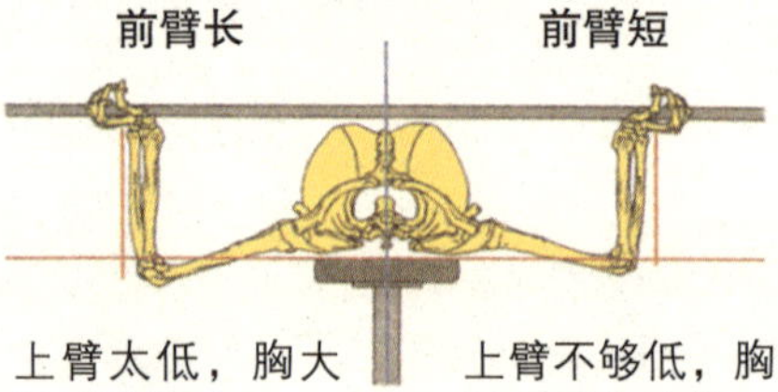

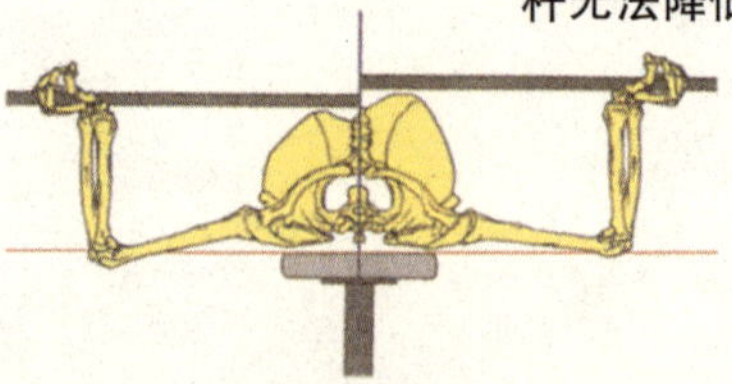

*上臂无法下降，胸大肌无法拉伸，也降低了肌肉撕裂的危险性。

问题9：C.

注意，答案的关键点：双手距离越远，运动幅度越小，从而训练越容易。然而，由于胸大肌的拉伸训练加强，甚至是过分加强，会相应增加肌肉撕裂的危险性。为了降低胸肌在各种训练中的危险性，比较稳妥的做法是双手距离适中，或者稍近。在这种情况下，尽管三头肌会承受更多力量，但比起肌肉撕裂，甚至可能造成伤残来说，结果已经好很多了。

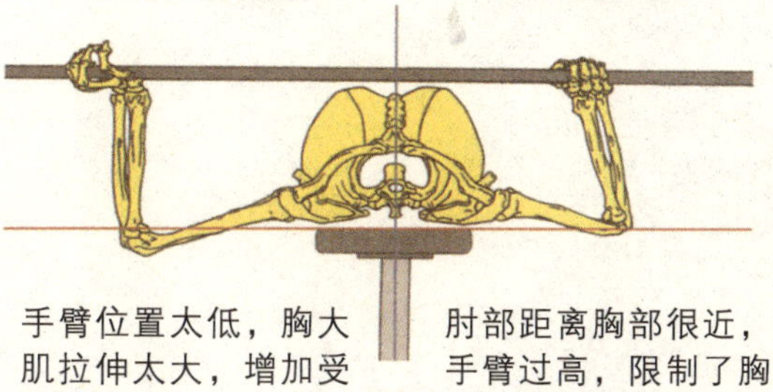

问题10：C.

注意，答案的关键点：胸骨与胸廓中央的骨骼并不完全一样，它和肋骨共同构成关节。此关节的灵活性对于呼吸运动非常重要。对于年轻个体，由于胸骨十字软骨未完全骨化，所以比较敏感。若负重较大，胸廓伸展，则肋软骨会发生轻微移位，从而产生一定程度的疼痛。如果不想长时间忍受这种疼痛，应该尽量选择不会压迫胸骨的训练方式。

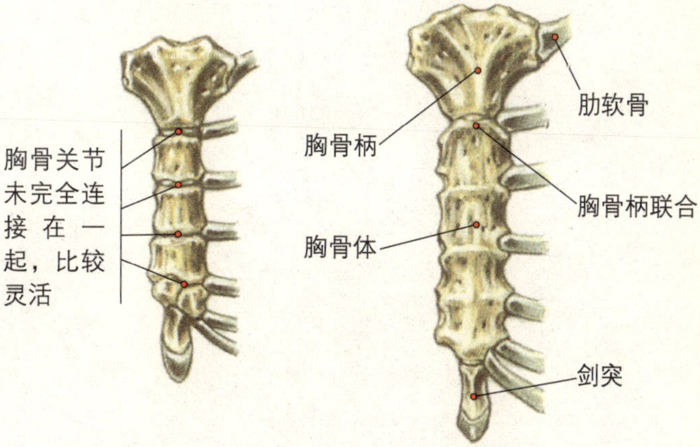

注意：人体在16～25岁时，许多骨核会发生变化继而融合，这一点需要引起大家注意。

第六章　背肌、斜方肌和腰肌

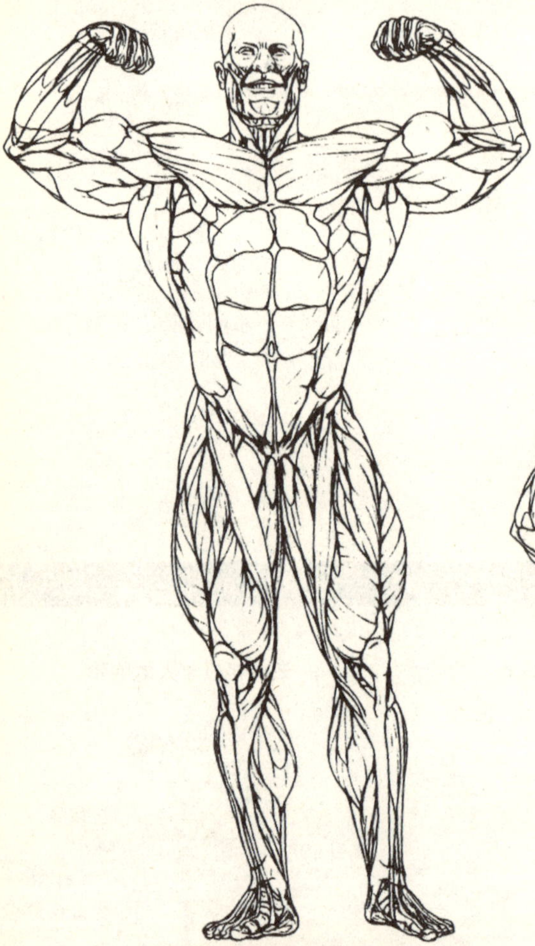

涂色题2

请在人体左侧找出：大圆肌、腰骶部肌群、斜方肌上部和下部。请在右侧找出：背阔肌、冈下肌、斜方肌中部。

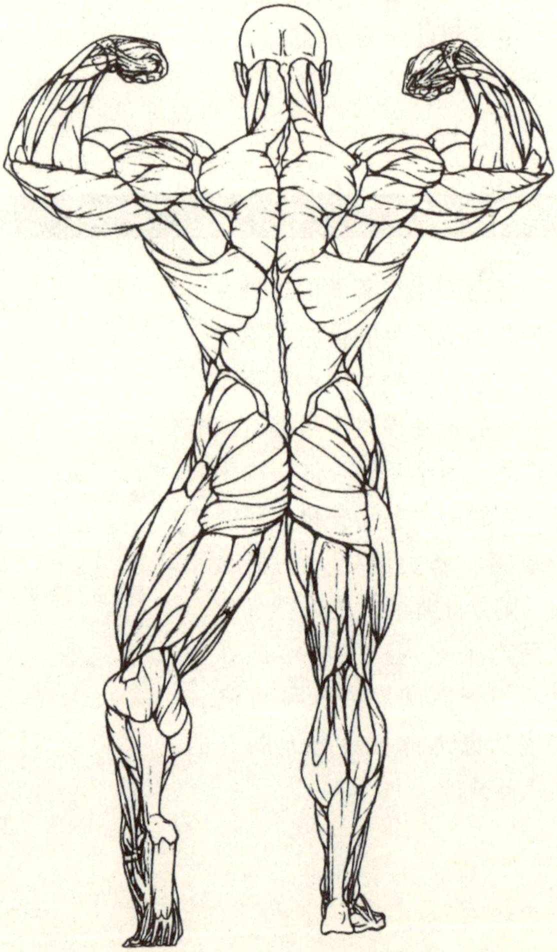

涂色题1

请找出右侧的大圆肌和左侧的背阔肌。

见80页答案

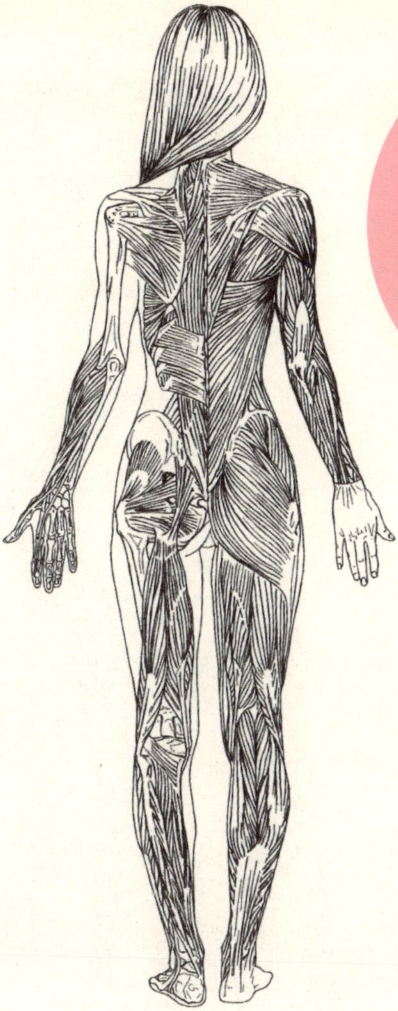

涂色题3

请在人体左侧找出：冈下肌、腰骶部肌群、斜方肌上部和下部。请在右侧找出：斜方肌、大圆肌、背阔肌。

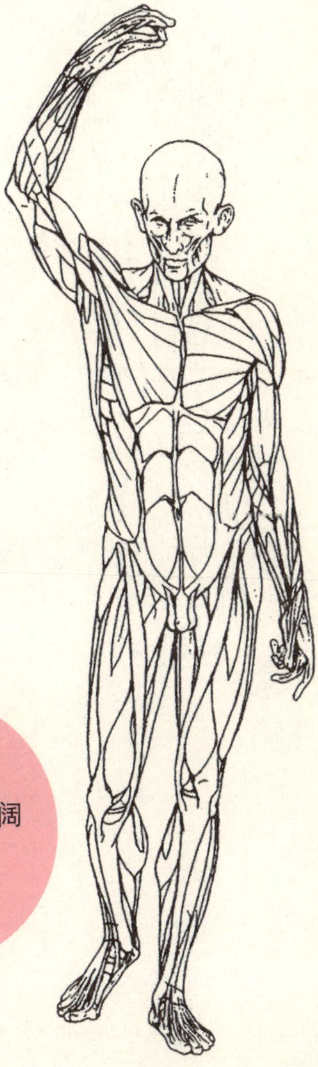

涂色题4

请找出背阔肌和大圆肌。

见80页答案

涂色题6

请在人体左侧标出：大圆肌、小圆肌、腰骶部肌群。请在右侧标出：斜方肌上部、冈下肌、背阔肌。

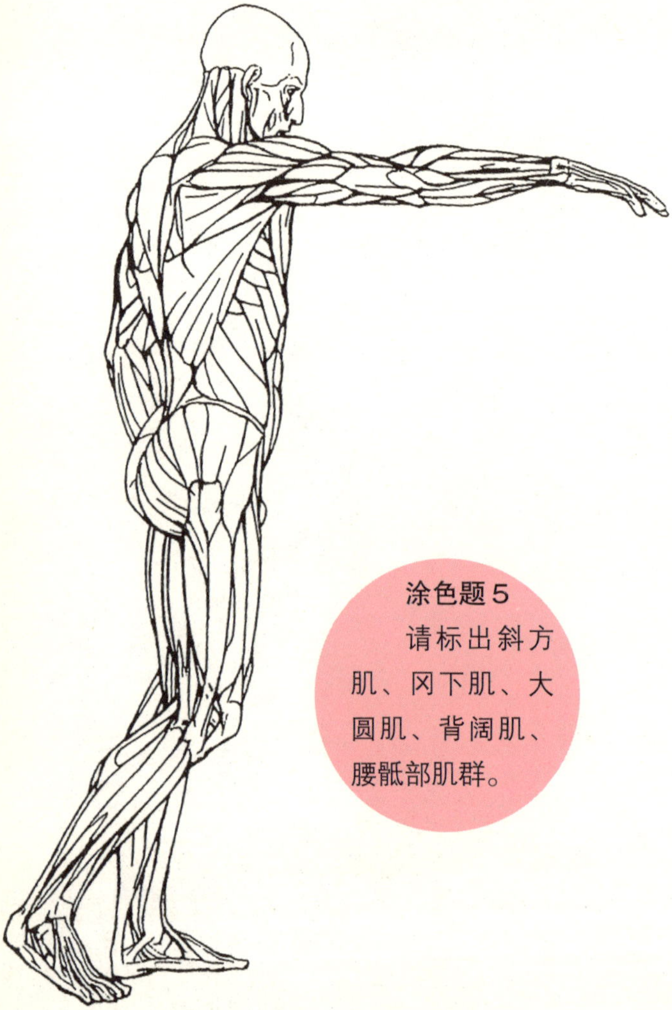

涂色题5

请标出斜方肌、冈下肌、大圆肌、背阔肌、腰骶部肌群。

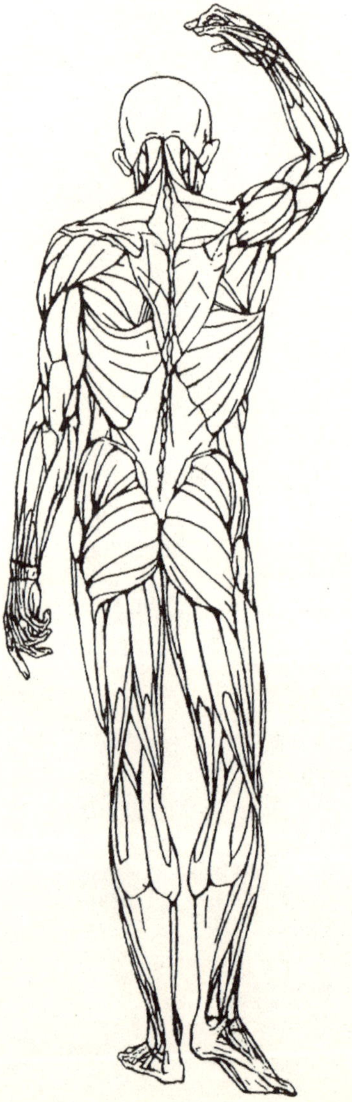

见80页答案

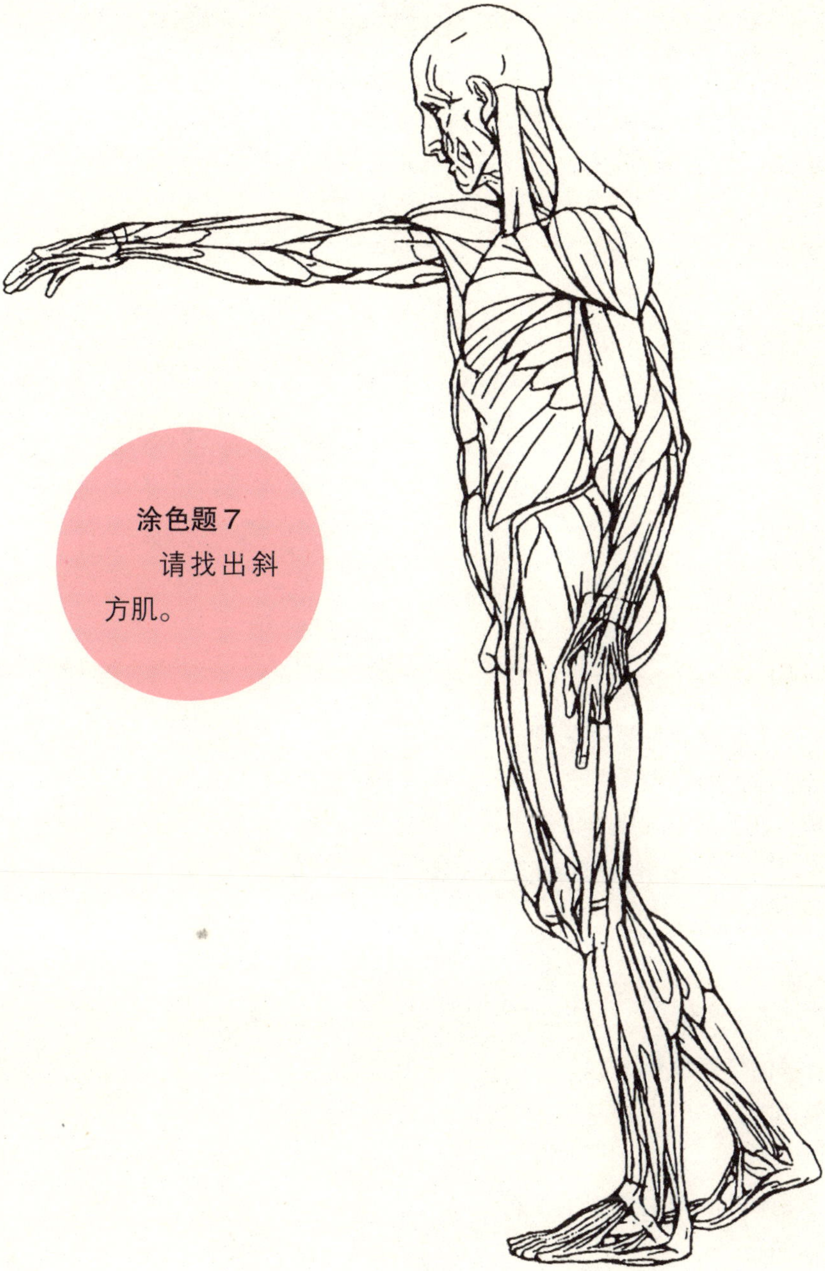

涂色题 7

请找出斜方肌。

见80页答案

背肌的解剖学相关问题

问题1

背部几块重要的表层肌肉是：

☐ A.背肌、大圆肌、冈下肌、斜方肌和竖脊肌。

☐ B.背阔肌、大圆肌、缝匠肌、斜方肌和竖脊肌。

☐ C.背阔肌、大圆肌、冈下肌、阔筋膜和竖脊肌。

☐ D.背阔肌、大圆肌、冈下肌、斜方肌和竖脊肌。

问题2

斜方肌一般被分为几个部分？

☐ A.2

☐ B.3

☐ C.4

☐ D.5

问题3

斜方肌的哪个部分最需要被重视？

☐ A.上部，因为面积最大。

☐ B.下部，因为经常被忽视。

☐ C.中部，对固定肩胛骨至关重要，还能保护肩关节。

☐ D.各个部位同等重要。

问题4

腰骶部肌群的作用是什么？

☐ A.旋转上身。

☐ B.支撑脊柱。

☐ C.上身前倾的时候重新挺直胸部。

☐ D.向前伸腿。

见81-82页答案

问题5

腰方肌的功能是什么？

☐ A.使上身向某侧弯曲。

☐ B.支撑腰椎间盘。

☐ C.使上身向前倾斜。

☐ D.上抬大腿。

背肌的生物力学相关问题

问题6

冈下肌力量的加强：

☐ A.没有作用，因为在背部训练的同时此肌肉已经得到了训练。

☐ B.对肩部的热身非常重要。

☐ C.偶尔在疼痛时有作用。

☐ D.可避免受伤。

问题7

肩胛骨的作用是：

☐ A.为16块肌肉提供固定点。

☐ B.排布关节盂，手臂运动时，使得肱骨可稳定地固定在中心。

☐ C.为肱骨提供一个支撑点，使其可以活动。

☐ D.上举肩峰，手臂移动时，可避免冈上肌的刺痛感。

问题8

下列何种情况有利于增强肩胛骨的灵活性？

☐ A.锁骨大。

☐ B.肩胛骨间有一定空间。

☐ C.肩胛骨大。

☐ D.肌肉柔韧性强。

见83-84页答案

问题9

当屈腿硬拉时,手臂长的人会出现什么结果?

☐ A.可以拉起更多重量。

☐ B.降低了提拉重物的能力。

☐ C.保护伤口。

☐ D.易受伤。

问题10

哪种形体有利于斜方肌执行耸肩动作?

☐ A.锁骨宽。

☐ B.锁骨窄。

☐ C.手臂长。

☐ D.手臂短。

背肌的力量加强训练相关问题

问题11

手部反握做划船动作（手臂水平拉伸）时，使用哪种器械较为合理?

☐ A.直杠铃。

☐ B.曲杠铃。

☐ C.哑铃。

☐ D.以上三种，以便从各个角度训练背肌。

问题12

做挺身动作（过伸动作）时，俯卧于罗马椅上，上身躯干需要挺身到什么位置?

☐ A.绝对不可超过水平位置。

☐ B.应不达到水平位置。

☐ C.可轻微超过水平位置。

☐ D.应挺身直到与地面成垂直角度方可。

见85-86页答案

问题13

在引体向上或下拉训练，在拉伸阶段时，手臂应该：

□ A.最大限度伸直手臂，以拉伸背阔肌。

□ B.不可最大限度伸直手臂，以避免受伤。

□ C.若负荷较大，则尽量伸直手臂；若负荷较小，可保持曲臂以便让肌肉受到持续压力。

□ D.可尝试各个姿势，选择感觉最舒服的姿势即可，因为训练时运动幅度大小无关紧要。

问题14

在做划船动作时，当上半身前倾，应采用哪种倾斜幅度？

□ A.上身与地面水平。

□ B.背部与地面应保持145度角。

□ C.当手部负重时，不应前倾身体。

□ D.可尝试各个姿势，选择感觉最舒服的姿势即可，因为训练时倾斜幅度大小无关紧要。

问题15

一次肌肉训练结束的时候，应该：

□ A.平躺在地面上，放松5分钟。

□ B.肌肉放松运动并无任何效果，因为训练者已经相当疲惫。

□ C.若做屈腿硬拉和深蹲，则应将身体悬挂在单杠上进行伸展。

□ D.经常利用单杠拉伸背部。

见87-88页答案

背肌、斜方肌和腰肌的相关问题答案
（图解①、②、③、④、⑤、⑥、⑦）

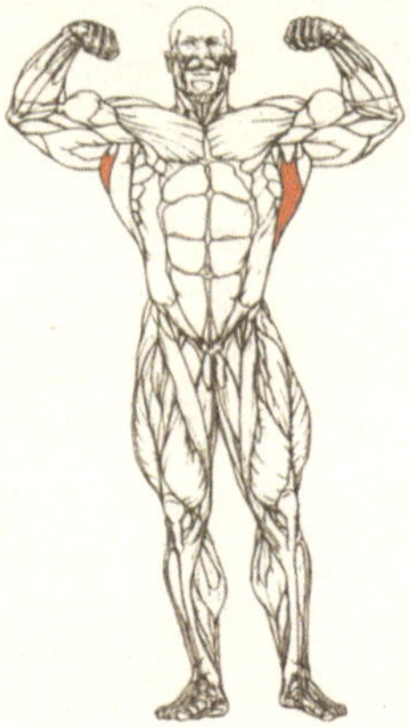

1

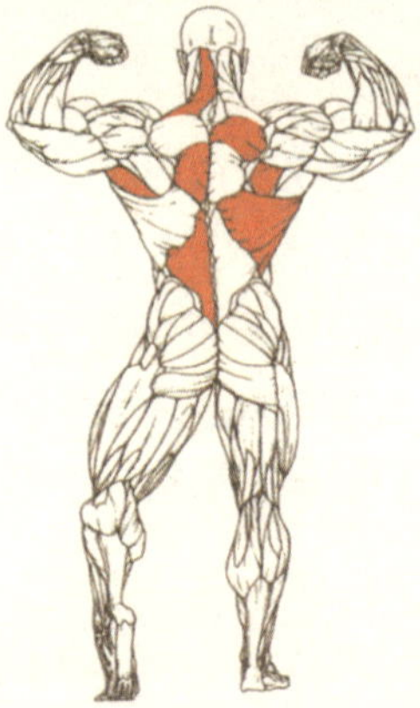

2

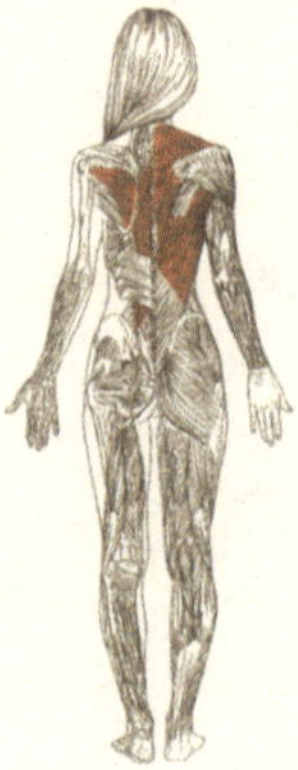

3

4

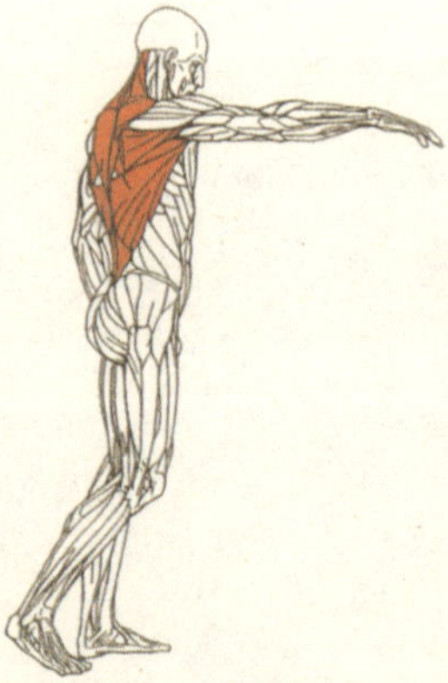

5

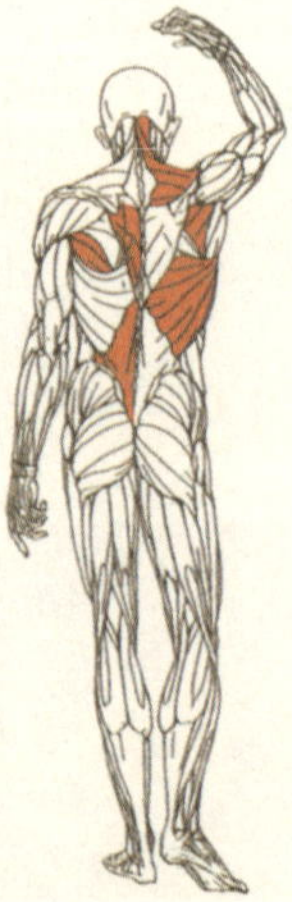

6

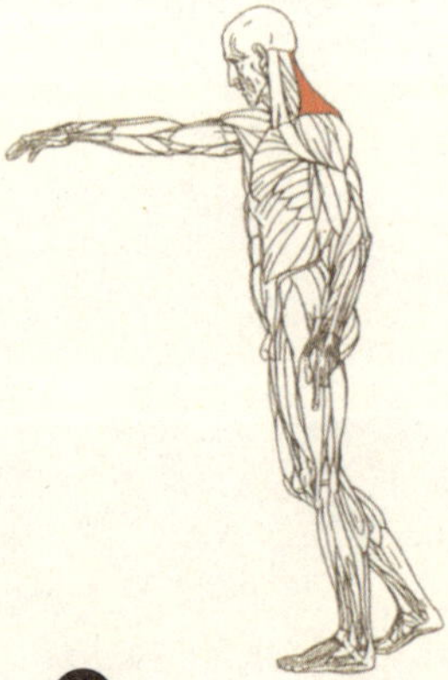

7

问题1：D.

⚠ **注意，答案的关键点：** 背部由多块错综复杂的肌肉构成。此外，不同肌肉的界限划定不是非常清晰。例如，有时大圆肌会和背阔肌会融合在一起，从而形成一块肌肉。

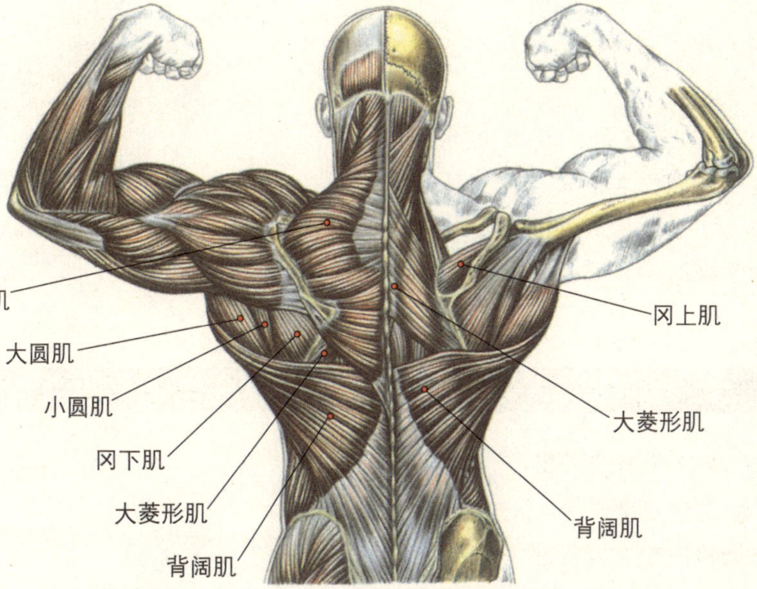

问题2：B.

⚠ **注意，答案的关键点：** 斜方肌被分为三个部分：

——上部负责上举肩胛骨；

——下部与斜方肌上部功能相反，下压肩胛骨；

——中部覆盖菱形肌，缩回肩胛骨。

斜方肌功能

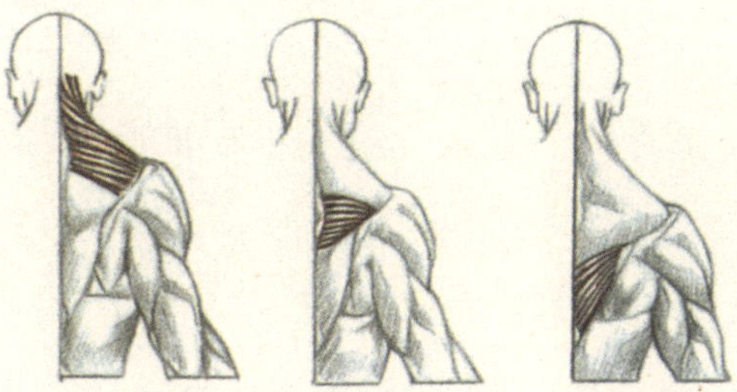

问题3：B、C.

⚠ **注意，答案的关键点：**训练时，不能对斜方肌的各个部分同等对待，因为针对上部的训练相对容易一些，而下部则相对困难。所以，应避免斜方肌上部和下部的不均衡发育，多针对中部和下部进行训练。

若斜方肌下部较弱，或者上下部不均衡，则容易导致三角肌受损（史密斯，2009）。所以，斜方肌下部的训练比起上部显然更为重要。

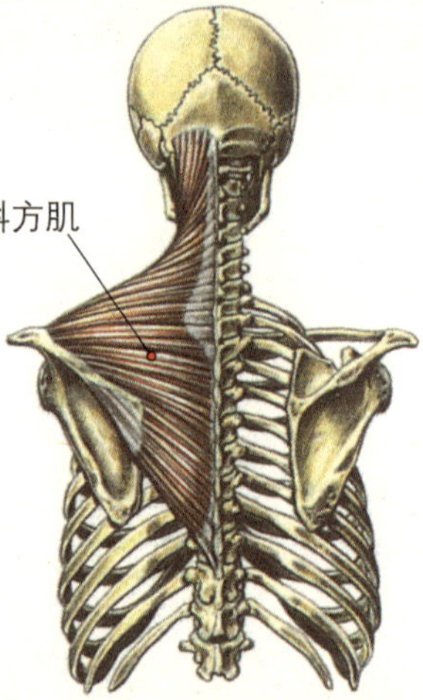

问题4：B、C.

⚠ **注意，答案的关键点：**腰骶部肌群起双重作用：

——与脊柱一起支撑背部重压；

——上身前倾时重新挺直胸部。在完成这项任务时，会同时刺激臀部和坐骨。

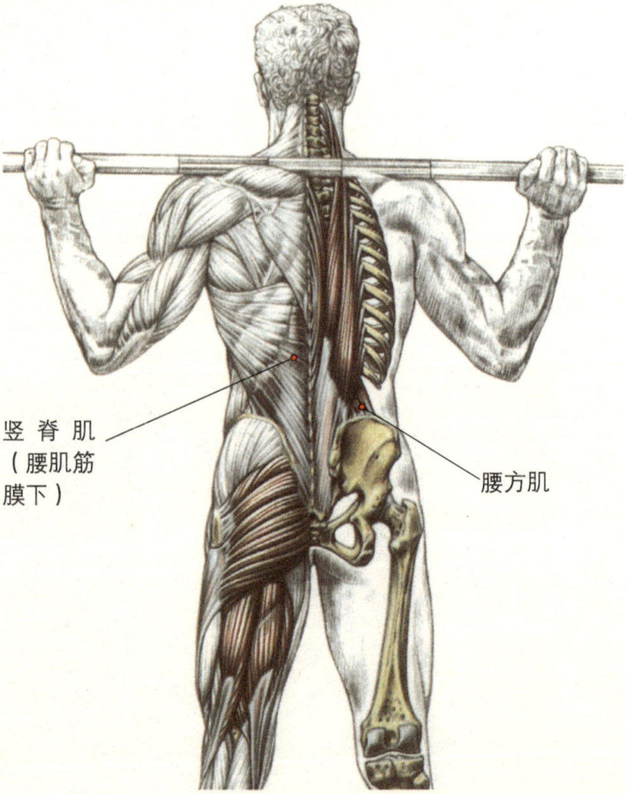

问题5：A、B.

⚠ **注意，答案的关键点：**尽管腰方肌是内层肌肉群（不可见），却不容忽视，因为它对于支撑脊柱具有非常重要的作用。

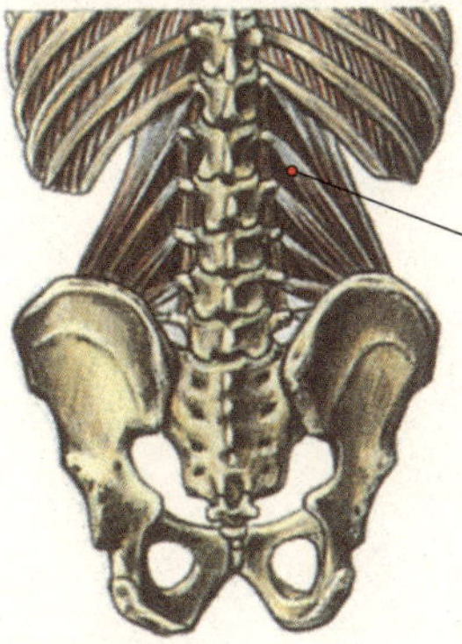

若想训练腰方肌，或是放松背部，可以利用单杠做侧抬腿训练。身体悬挂于单杠上，就像训练腹部肌肉下部一样屈腿。不同的是将腿向侧方抬起，而不是向前方抬起。

问题6：B、D.

⚠ **注意，答案的关键点：**冈下肌包含四块肌肉，也是肩袖的一部分。冈下肌紧裹着三角肌关节，以便使其位置固定。尽管冈下肌是位于背部的肌肉，但不可对其轻视。当使用固定杆做肩部小回旋肌牵引训练或者划船训练时，如果只对其进行轻微训练，则远不能达到训练目的。

为了增强冈下肌的力量并避免受伤，需要进行有针对性训练，以达到特殊训练效果。请勿等到肩部受损才想起要训练这块肌肉！

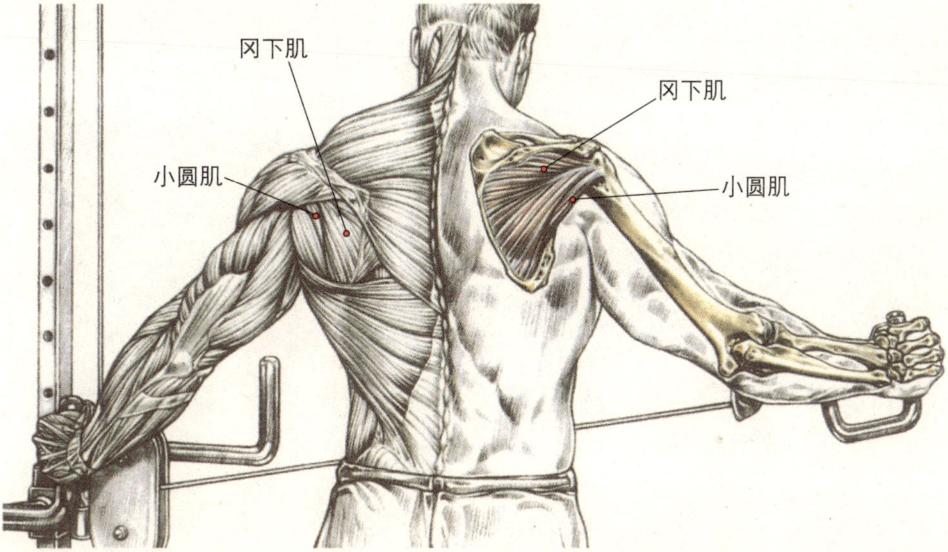

问题7：A、B、C、D.

⚠ **注意，答案的关键点：**

肩胛骨有个非常重要的作用——运动时可调动上半身的大部分肌肉。所以，对附在其上的肌肉有针对性地加强力量训练显得至关重要，因为这可以使它保持灵活性。如果肩胛骨用力不均衡，很容易导致肩部受伤。

肩关节冠状切面，显示滑液囊、喙肩弓、喙肩韧带

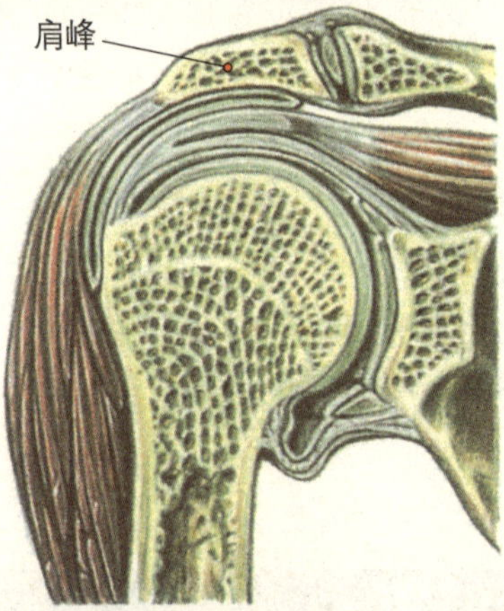

问题8：A、B、D.

⚠ **注意，答案的关键点：**锁骨越大，肩胛骨之间的空间越大，越有利于增强其灵活性。而肩胛骨越大、锁骨越窄，越容易限制其活动空间。

若肩胛骨不灵活，在卧推时会具有一定优势，但却会阻碍了背部的运动。

如果肩胛骨较宽，限制其自身运动，会产生一个强有力的肌肉附着点，这有利于减少肩部的受伤概率。

相反，如果肩胛骨较窄，则对应较强的灵活性，如此小的体积不足以产生有力的肌肉附着点，这对于运动员成为肩部受伤的隐患因素。

活的肩胛骨对于活动幅度大的运动是个优点，如投掷、拳击、游泳……

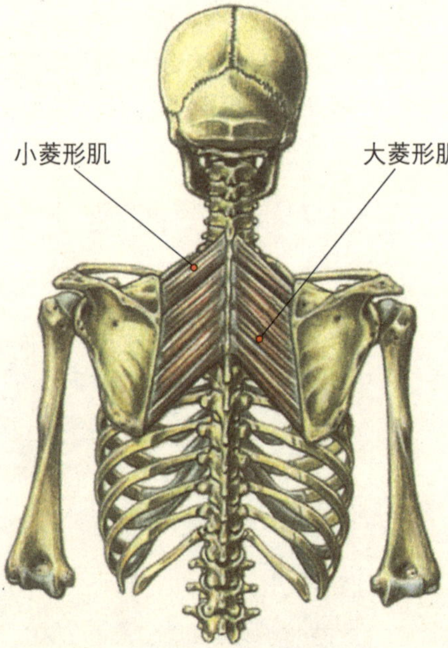

问题9：A、C.

⚠ **注意，答案的关键点：**屈腿硬拉时，手臂较长的人可以减少运动幅度，在训练时可加大负重。因为为了提起杠铃，应该下蹲幅度较低，背部受伤的危险将会降低。相反，像弯举、卧推与肩推等运动，手臂长会产生反作用。运动幅度越大，提重物的能力越会降低，同时危险系数也有所增加。

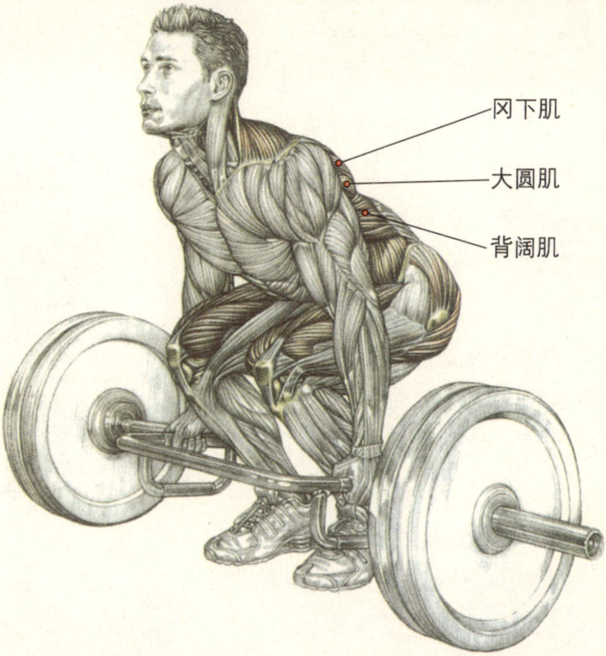

问题10：B.

⚠ **注意，答案的关键点：**锁骨越窄，做动作越容易，危险性也越小。锁骨越宽，手臂危险性越大，因为这相当于增加了移动的负重。而手臂的长短对执行动作无任何影响。

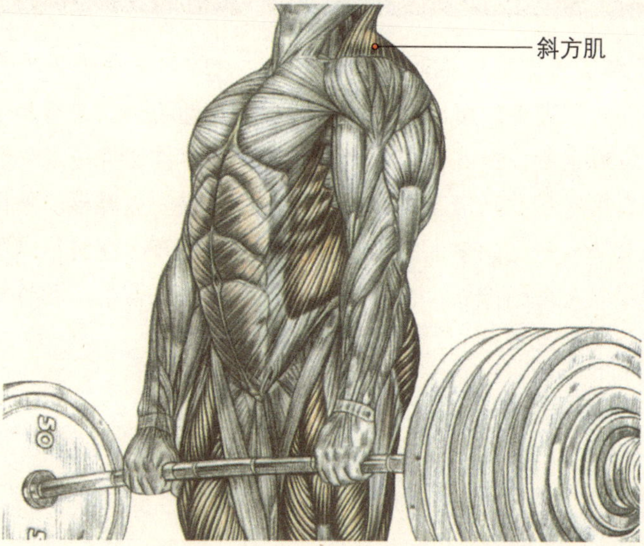

问题11：B、C.

⚠ **注意，答案的关键点：**
手部反握做划船动作时，使用直杠铃很危险，运动中手部位置较低时，肱二头肌容易受伤。

一般，最好选择曲杠铃。当手臂伸直时，手部反握用力不会过猛。而当伸直手臂时，肱二头肌同样会处于易受伤的状态。所以，在这种情况下，最好不要全力伸展手臂，尤其是在动作的拉伸阶段。

哑铃可以使手腕位置相对自由。当使用哑铃时，手部保持对握状态，手臂姿势可根据用力大小及时调整，最大程度使用力量，大大降低运动的危险系数。

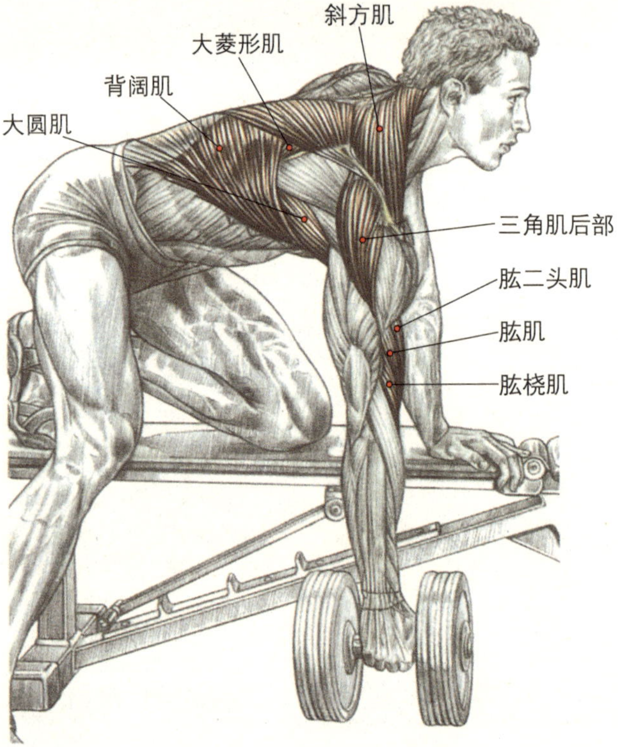

问题12：C.

⚠ **注意，答案的关键点：**进行这项训练时，一般教练会要求不要超过水平位置。但是，除非背部受伤或者训练过度，超过水平位置也问题不大。最有趣的是，肌肉收缩恰恰发生在超出水平位置之后。因此，人们也把此项运动称作过伸运动。当站立时，不可做过伸运动。但是，当平躺在罗马椅上时，重力不会压迫椎间盘髓核。然而，这也并不意味着必须大幅度弯曲背部——比如使上身躯干与地面保持垂直。在进行这项训练时，人们会很明显地感觉到腰部肌肉得到伸展。在上身躯干折回初始位置前、动作终末躯干呈水平位置时停留几秒钟，可强化效果。

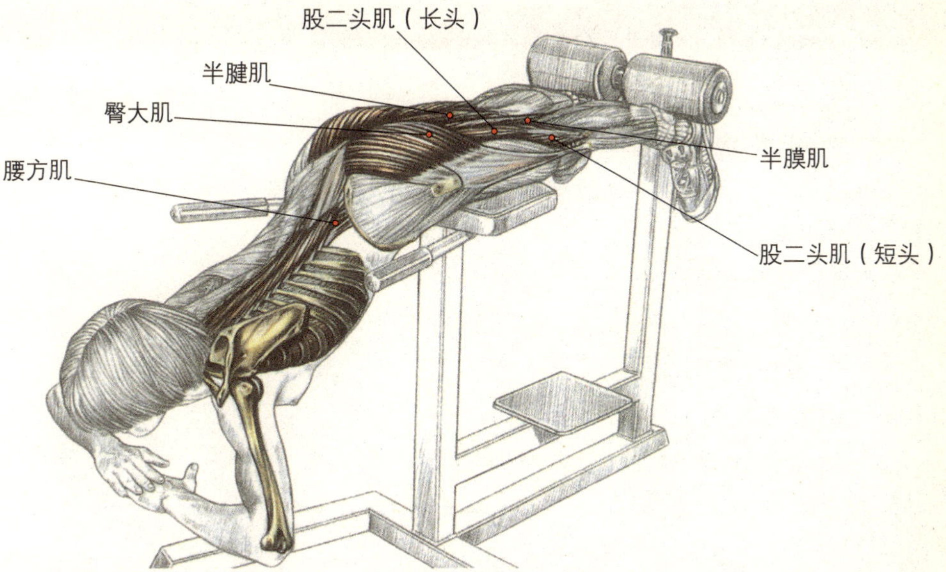

问题13：B.

⚠ **注意，答案的关键点：**在背部训练时伸直手臂绝对是个错误的主意，因为在这种情况下，手臂肌肉很容易受伤。只有在运动过程中，运动者肩部韧带伸展才可以做这种动作。当手臂从伸直姿势停顿后再次上提的一瞬间，运动者会不自觉地对韧带施加力量，很可能会导致肱三头肌长头撕裂。

不论设置的拉力是大还是小，训练者最好都保持肌肉受到连续的张力，而不是在拉伸运动中完全伸直手臂。这样对运动者的肩肌及臂肌有益。

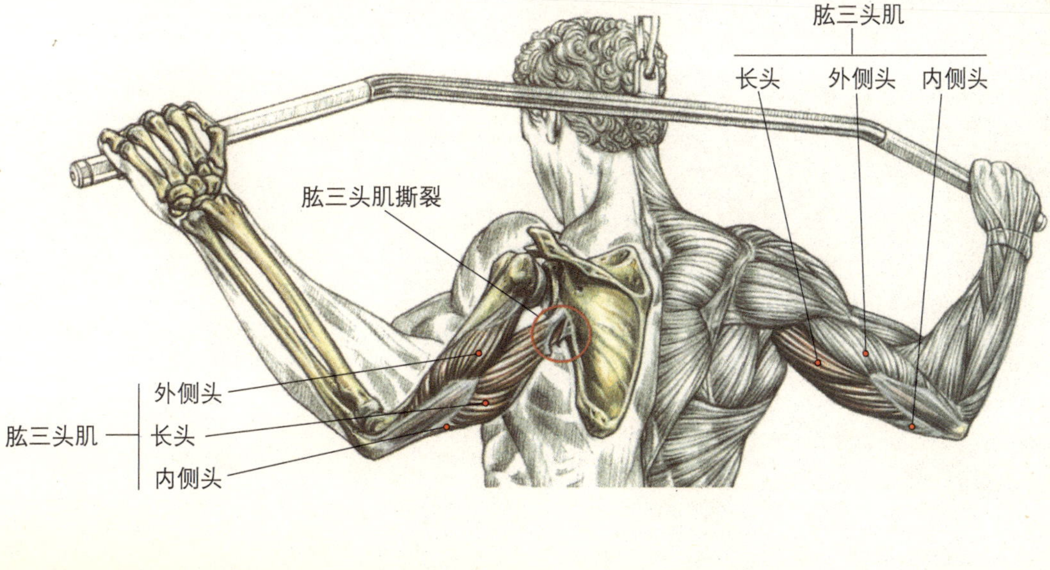

问题14：B.

⚠ **注意，答案的关键点：**一般，当进行划船动作时应保持背部平行于地面，但若上身与地面保持145度倾斜，比起平行会更加有效地调动斜方肌的运动。

可尝试如下实验：1.在无任何负重情况下，背部与手臂垂直为90度，而手臂垂直于地面；随后，两侧肩胛骨相互靠拢，手臂弯曲收缩斜方肌。2.上身与地面成145度角，重复以上的动作。实验结果表明，与地面平行的姿势相比，身体与地面保持一定倾斜会使动作更容易做到。不论是在无负重实验条件下还是在负重条件下，实验结果异曲同工。

此外，在运动时背部微微前倾也有利于保护脊柱。若背部与地面平行，脊椎骨则更易受伤。

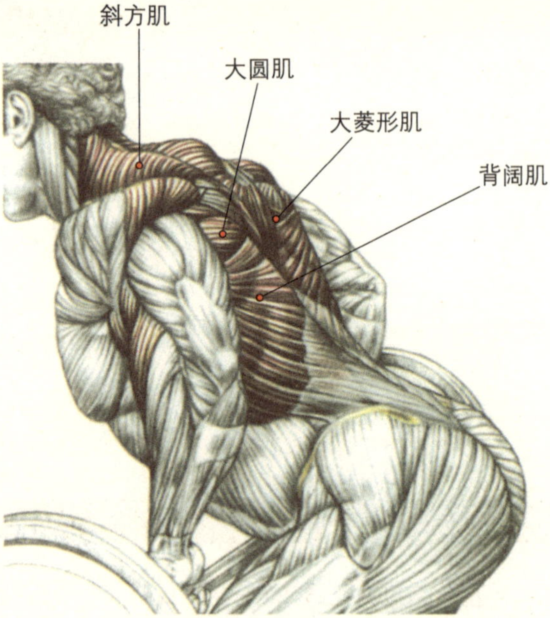

问题15：D.

⚠ **注意，答案的关键点：**肌肉训练会导致脊柱受到挤压，所以在一次肌肉训练结束后，应适当地使其放松，方法是将身体悬挂在直杠铃上，保持30秒的伸展。从肌肉保护的方面来说，类似的伸展运动应当经常进行。

无论是否进行体育运动，人的身体重力都会压迫椎间盘，从而将其中的部分水分挤压出去。这也就是为什么夜间测量的身高会比早晨矮1～2厘米的原因。

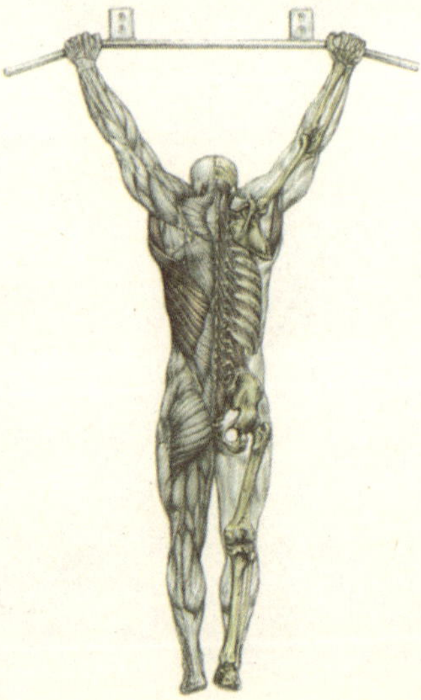

第七章　腹肌

涂色题1

请找出右侧的腹直肌上部和左侧的腹直肌下部。

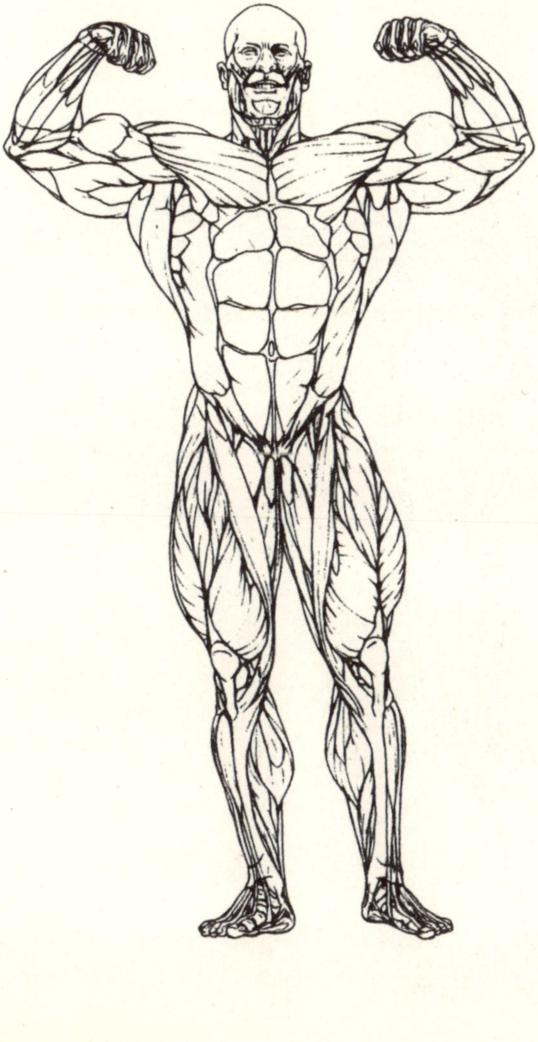

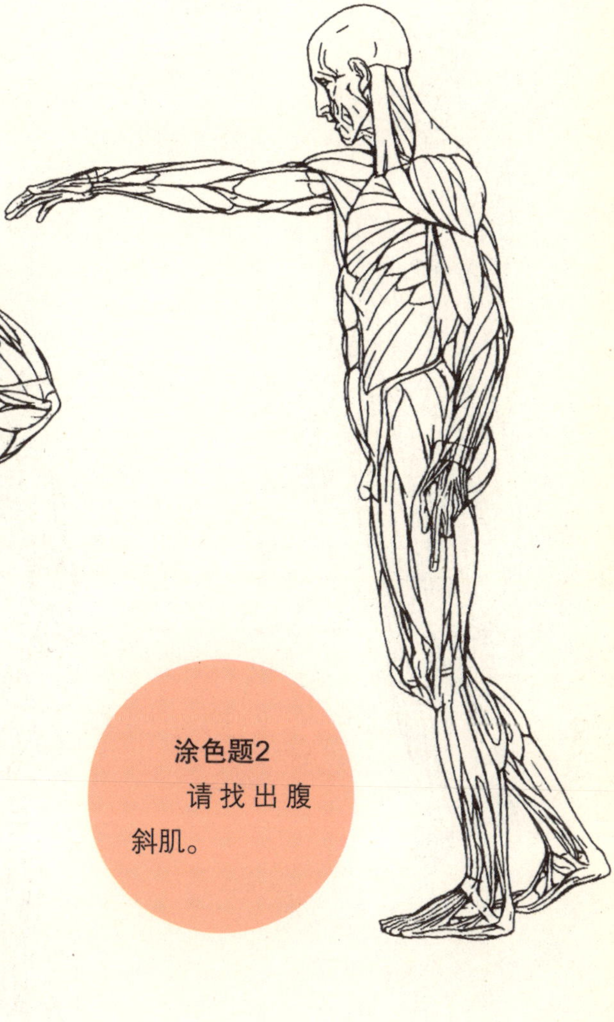

涂色题2

请找出腹斜肌。

见94页答案

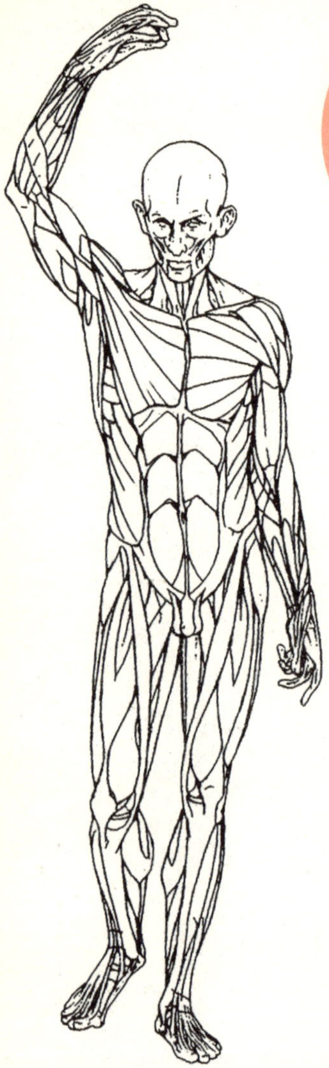

涂色题3

请找出左侧的腹直肌和右侧的腹斜肌。

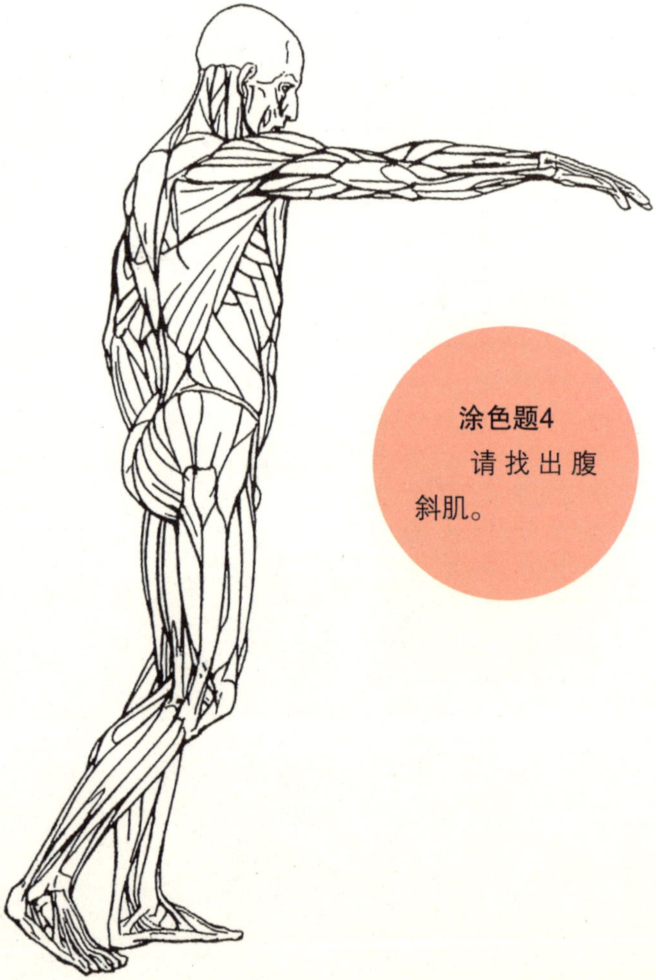

涂色题4

请找出腹斜肌。

见94页答案

腹肌的解剖学相关问题

问题1

腹肌（腹直肌）被俗称为“八块肌”或“六块肌”，这是因为：

□ A.这指的是一块形状弯曲、凹凸有致的肌肉。

□ B.腹直肌事实上由几块连续、方形的小肌肉构成。

□ C.腹直肌指的是一块肌肉，被腱划分成几个部分。

□ D.顾名思义，腹直肌很直，由几块脂质将其分成几个方形。

问题2

由几条腱划（将腹直肌分成块状的结缔组织）构成了腹直肌“六块”、“八块”？

□ A.三条。

□ B.四条。

□ C.不同的个体数目不一样。

□ D.训练得越多，数目越多。

问题3

“块状”腹直肌常被叫做“六块”或“八块”，这是因为：

□ A.腹直肌左右一定是对称的。

□ B.由于某种原因会出现不对称的情况。

□ C.只有经过规律的训练，腹直肌才能拥有对称的样子。

□ D.腱划左右不对称是非常常见、正常的现象。

见95-96页答案

问题4

腹斜肌的具体名字是：

☐ A.外侧腹斜肌。

☐ B.腹外斜肌。

☐ C.腹内斜肌。

☐ D.腹横肌。

问题5

多种肌肉共同构成了腹肌，明显可见的仅有：

☐ A.腹直肌。

☐ B.腹外斜肌。

☐ C.腹内斜肌。

☐ D.腹横肌。

腹肌的生物力学相关问题

问题6

腹斜肌的作用是：

☐ A.左右扭动上身。

☐ B.旋转上身。

☐ C.稳定背部的下端。

☐ D.有利于遮盖腹部，从而支撑保护腹部内的脏器。

问题7

在做仰卧起坐时，哪些腹部肌肉使得髋部弯曲的？

☐ A.髂腰肌。

☐ B.股四头肌。

☐ C.阔筋膜张肌。

☐ D.臀大肌。

 见96-97页答案

腹肌的力量加强训练相关问题

问题8

做仰卧举腿训练时,腹肌在哪种情况下起作用?

☐ A.整个运动中。

☐ B.当双腿与地面平行的时候。

☐ C.当双腿与地面垂直的时候。

☐ D.这项训练只会锻炼髋屈肌，腹肌不起作用。

问题9

在做坐姿屈膝举腿或是悬垂屈膝举腿训练时，腹肌在哪种情况下起作用?

☐ A.当双腿与地面垂直的时候。

☐ B.当双腿与地面平行的时候。

☐ C.整个运动中。

☐ D.这项训练只会锻炼髋屈肌，腹肌不起作用。

腹肌的经典病理学相关问题

问题10

如果腹部出现疝气症状（人体组织或器官一部分离开了原来的部位，通过人体间隙、缺损或薄弱部位进入另一部位），应怎样治疗?

☐ A.多做腹肌训练。

☐ B.进行手术治疗。

☐ C.多进行腰部训练。

☐ D.多休息，可以自行消失。

见98-99页答案

腹肌的相关问题答案
（图解①、②、③、④）

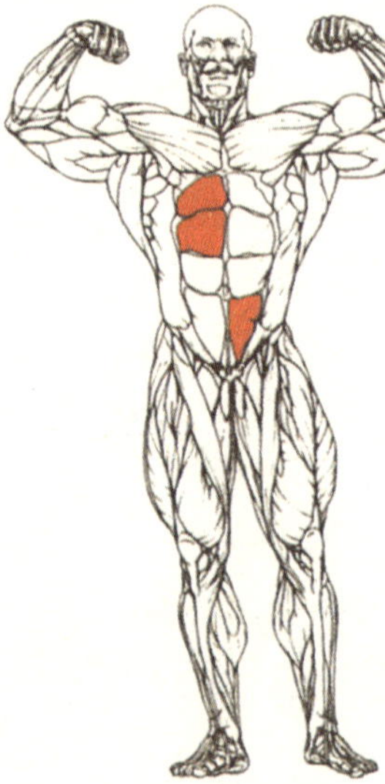

1

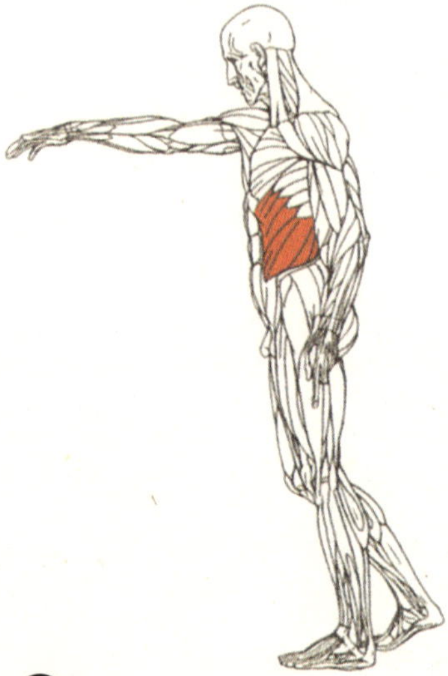

2

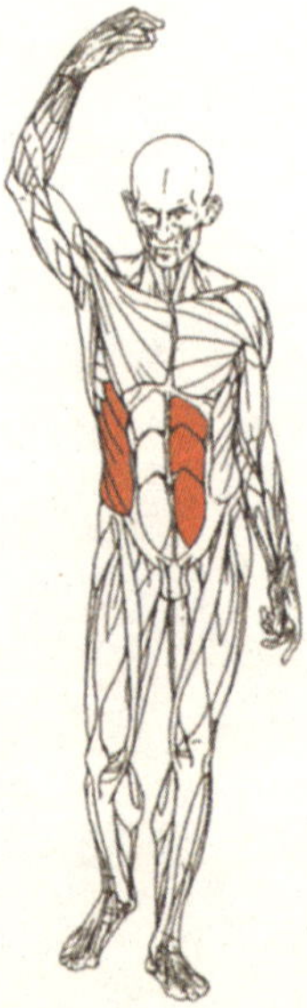

3

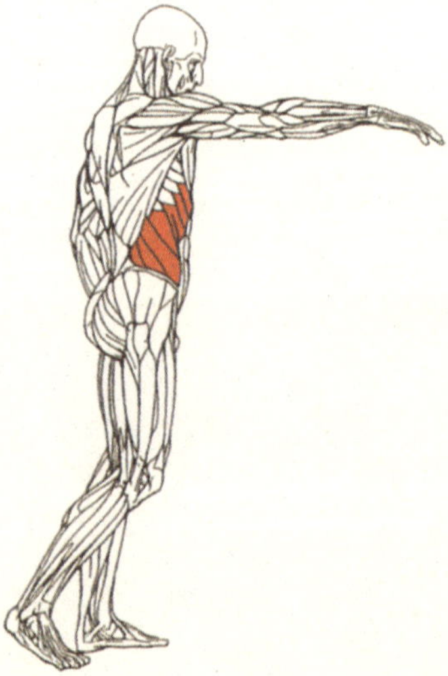

4

问题1：C.

注意，答案的关键点：应该指出的是，腹直肌仅由一块肌肉构成，并非由首尾相接的几块肌肉构成。它的特殊之处在于，被肌腱（腱划）分成几个部分。这样特殊的造型使得它：

——时而坚韧时而柔软，保证了呼吸运动的进行。

——对某些部位进行定向收缩，限制某些部位的运动，以节省体力，尤其对运动功能有益。

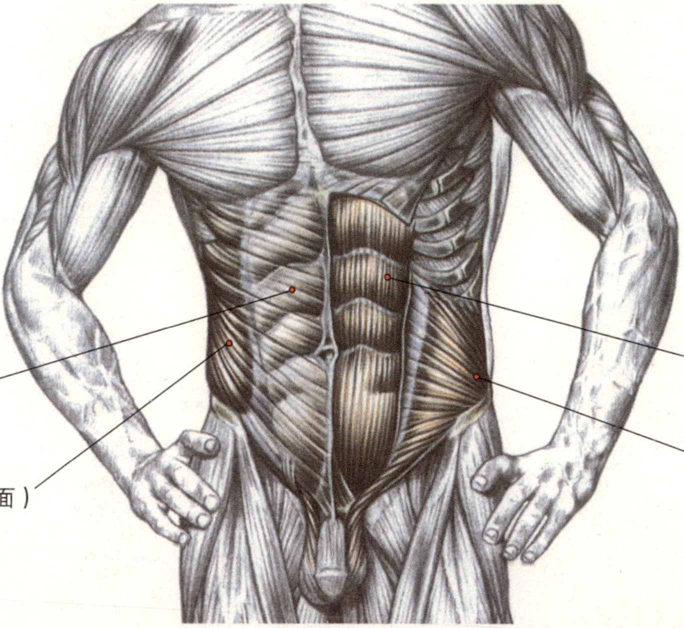

问题2：C，绝大多数人只有3条。

注意，答案的关键点：分割腹直肌的肌腱（腱划）数量是由基因决定的。若个体的肌肉多于“三条”，同时也会使腹直肌的长度有所增加。腹部肌肉训练会使腹直肌明显可见，但不会改变其“条数”。

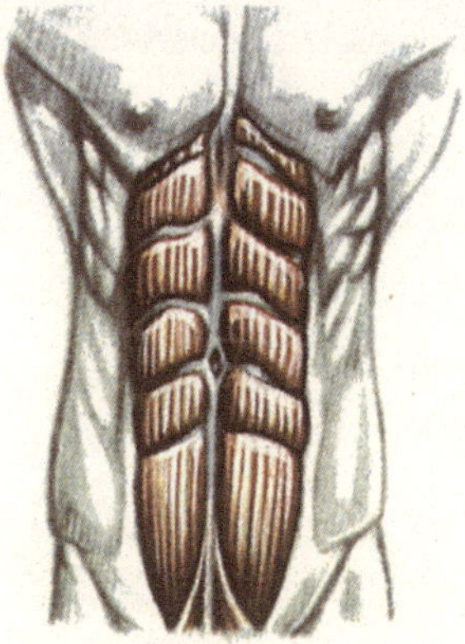

问题3：D.

⚠ **注意，答案的关键点：**尽管多数人的腹直肌都是对称的，但就块数来讲，不同人的块数并不一致，运动不会改变腹直肌的块数。

存在一些比较特殊的情况，有些人身体一侧有3块腹直肌，而另一边却是2块，这也间接证明腹直肌存在左右不对称的情况。

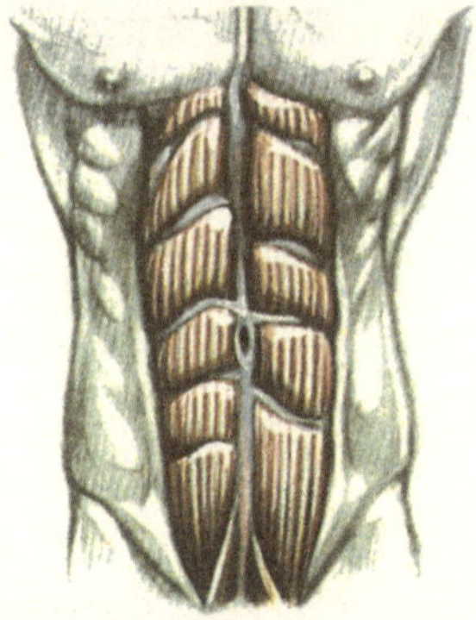

问题4：B、C.

⚠ **注意，答案的关键点：**腹外斜肌也叫作大腹斜肌，腹内斜肌也叫作小腹斜肌。

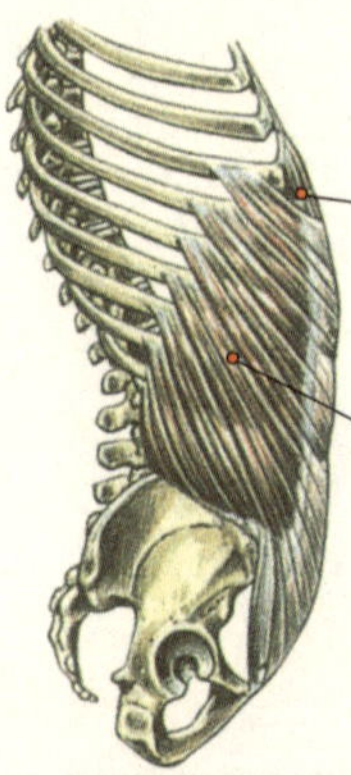

腹外斜肌

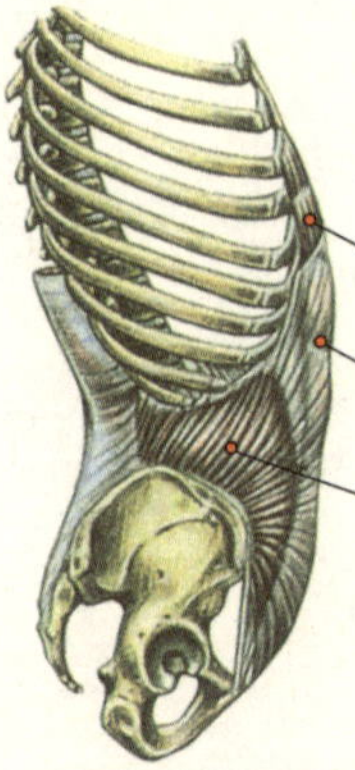

腹内斜肌

问题5：A、B、C.

⚠ **注意，答案的关键点：**在脂肪层较薄的个体的腹部下侧，腹内斜肌的下端会凸显出来。其三角形的外形与竖琴的轮廓相似，因此这个部位又被艺术地称为“阿波罗竖琴区”。与腹外斜肌粗厚、缺少美感不同，腹内斜肌的低处，也就是骨盆处，外形细长，给人以较强的美感。

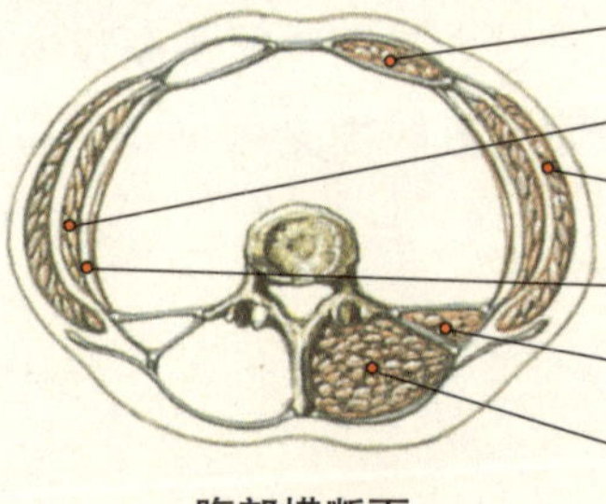

腹部横断面

问题6：A、B、C、D.

⚠ **注意，答案的关键点：**多数肌肉会同时具备多项功能。腹斜肌面积较大，有力地保证了大腿向上身、上肢向大腿的力量传送，对于运动它的作用自然非同小可，而在日常生活中，它的作用也同样举足轻重。

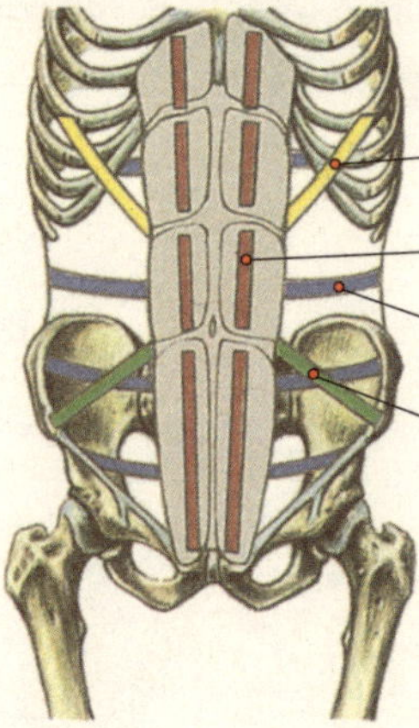

腹部肌肉的纤维方向及对腹部脏器的支撑和保护示意图

问题7：A、B、C.

⚠ **注意，答案的关键点：**在仰卧起坐时，整个股四头肌都不参与运动。如果双脚被固定物卡住，只有其中的双关节肌——股直肌会参与运动。阔筋膜张肌也参与仰卧起坐运动，而这也成为跑步运动员训练肌肉力量的重要科目。

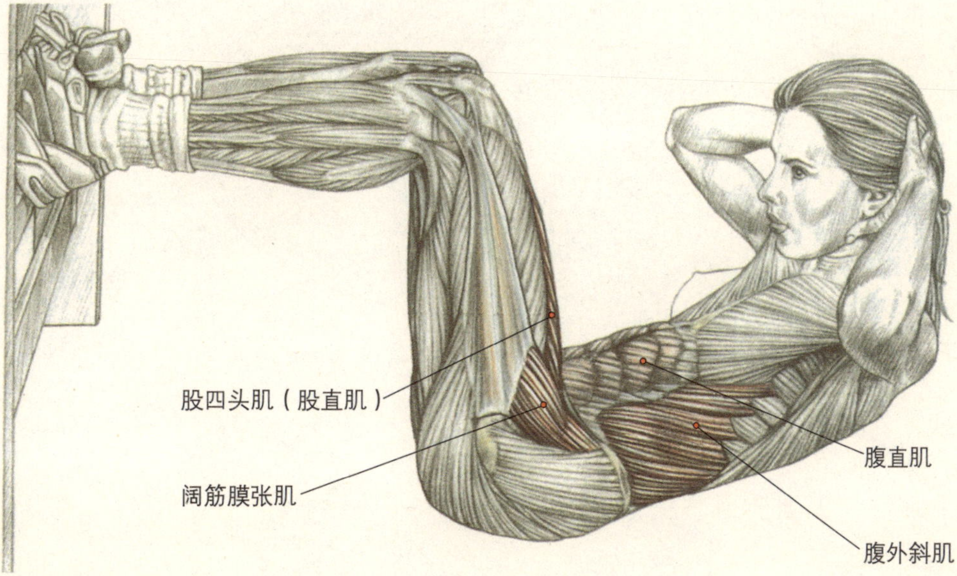

问题8：C.

⚠ **注意，答案的关键点：**当双腿与地面垂直的时候，腹直肌开始发挥其重要作用。如果训练中动作做得到位，腹直肌下部会起作用。如果动作不到位，则屈髋肌群的上部会进行发力。

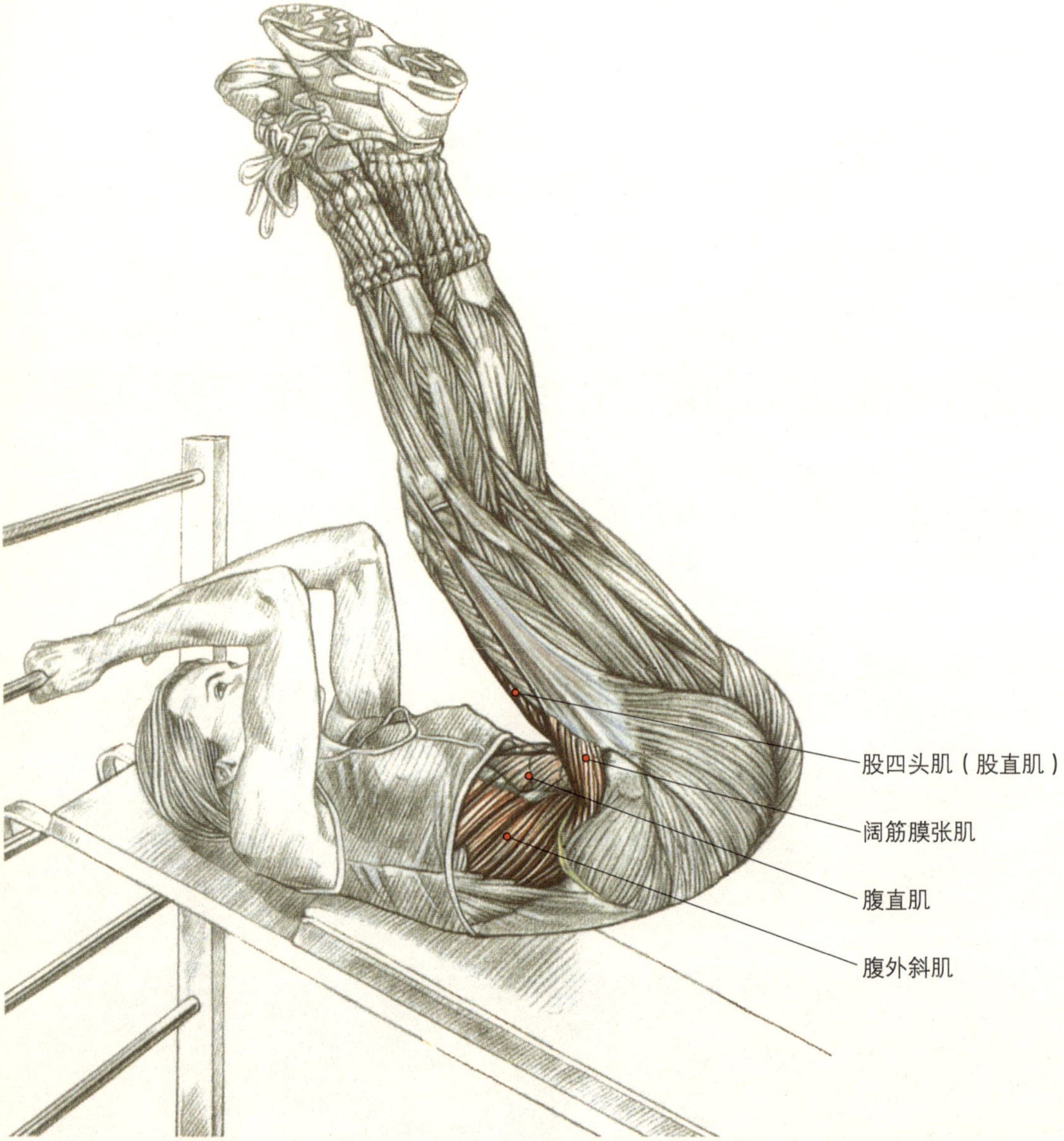

问题9：B.

⚠ **注意，答案的关键点：**抬起双腿后，向左或向右扭动身体，此时身体悬空的训练与身体平躺的训练相比，重力会发生改变。大家可能会发现，虽然问题9和问题8表明看起来比较相似，但实际上完全不同。

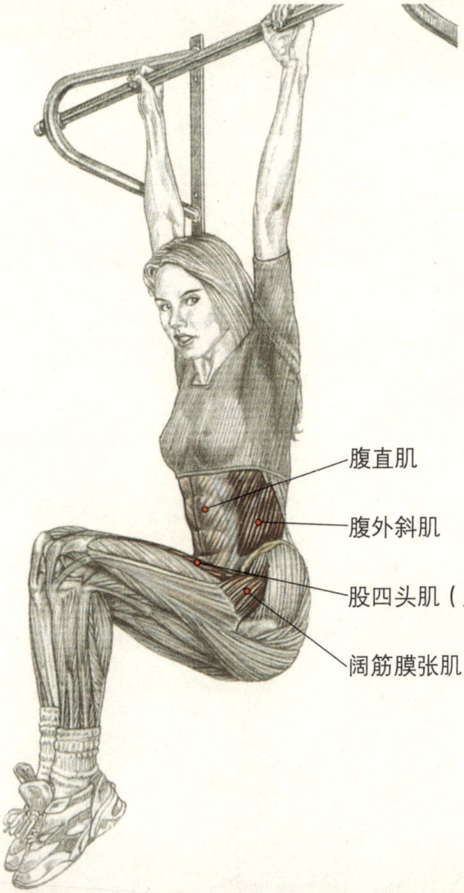

问题10：B.

⚠ **注意，答案的关键点：**与一般人的想象相反，腹肌训练并不能减轻疝气症状。身体组织损伤后，是不可能自我痊愈的，症状只会越来越重。进行外科手术修补间隙或薄弱处是唯一的治疗方法。

腹肌练习并不会导致疝气，如果得了疝气，则腹肌训练可能会使症状加重。

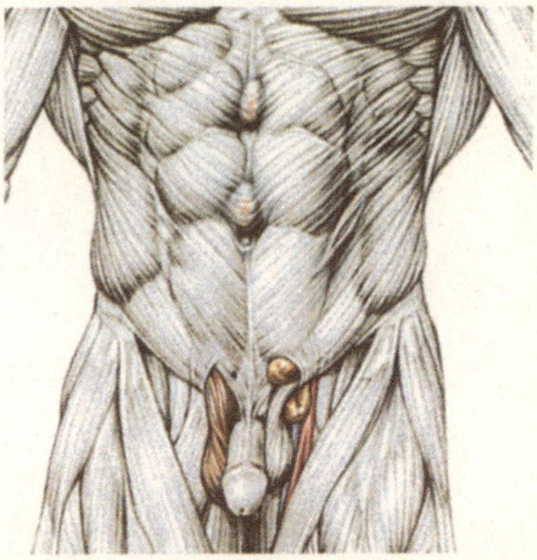

分布于腹部不同部位的腹肌疝气

第八章　臀肌和髋关节外旋肌群

涂色题1

请找出身体右侧的臀大肌和身体左侧的臀中肌。

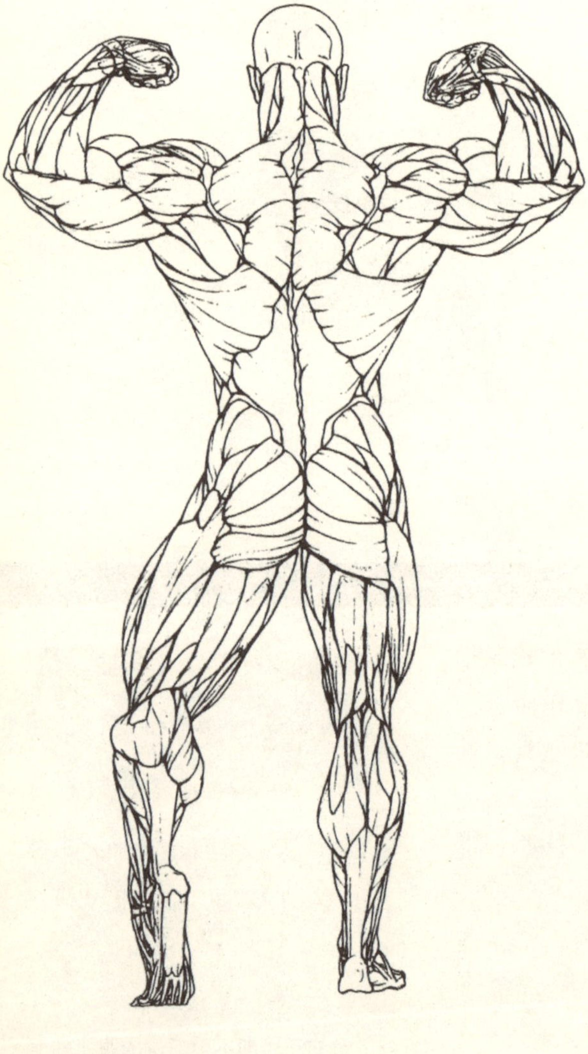

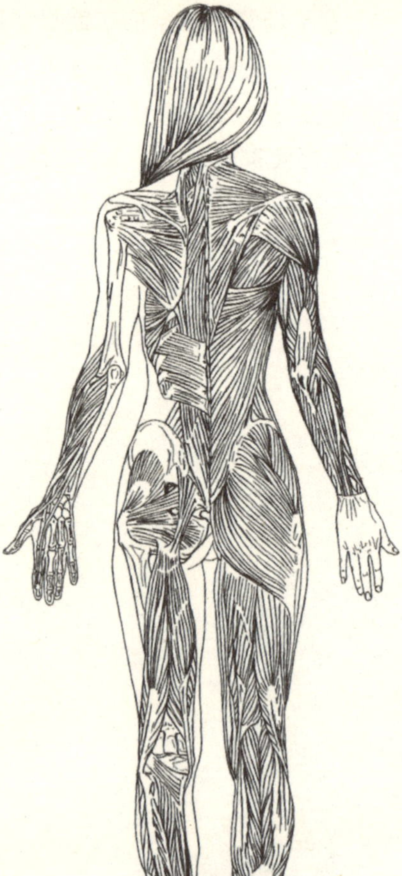

涂色题2

请找出身体右侧的臀大肌、臀中肌，以及身体左侧的髋关节外旋肌群。

见105页答案

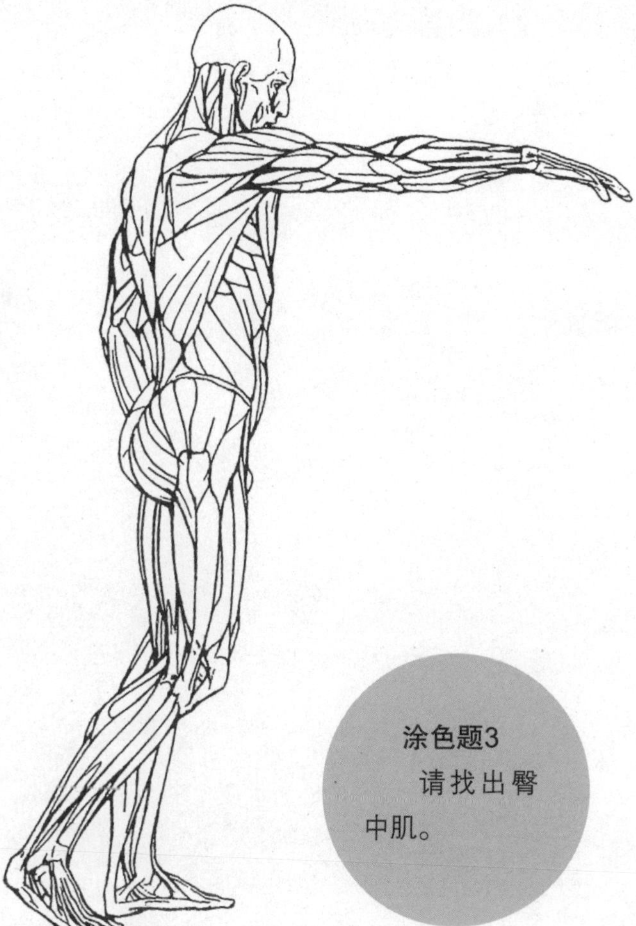

涂色题4

请找出身体左侧的臀大肌和右侧的臀中肌。

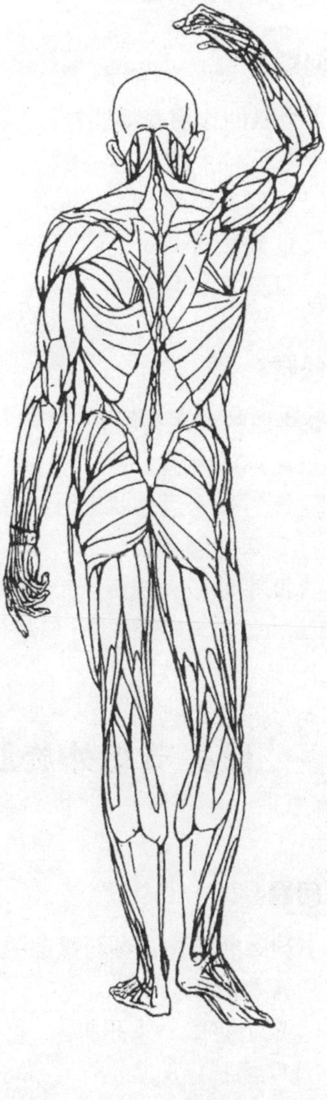

涂色题3

请找出臀中肌。

见105页答案

臀肌的解剖学相关问题

问题1

臀肌一般被分成几大部分?

☐ A.2

☐ B.3

☐ C.4

☐ D.5

问题2

臀大肌的作用有哪些?

☐ A.后伸大腿。

☐ B.弯曲髋部。

☐ C.矫正骨盆。

☐ D.带动股骨外旋。

问题3

臀中肌的作用有哪些?

☐ A.外展大腿。

☐ B.当处于运动状态时，稳定身体。

☐ C.弯曲髋部。

☐ D.带动股骨内旋。

髋关节短外旋肌群的解剖学和生物力学相关问题

问题4

下列哪些肌肉会参与髋部的外旋运动?

☐ A.梨状肌。

☐ B.上孖肌、下孖肌。

☐ C.闭孔内肌。

☐ D.臀大肌。

 见106-107页答案

问题5

髋关节外旋肌群起哪些作用?

☐ A.使髋部外旋。

☐ B.后伸大腿。

☐ C.保持腰部的曲度。

☐ D.外展大腿。

臀肌的生物力学相关问题

问题6

在做腿侧举时，哪些肌肉会起到阻止骨盆失去平衡的作用?

☐ A.内收肌群。

☐ B.臀大肌。

☐ C.臀小肌。

☐ D.臀中肌。

问题7

在下列哪些运动中，臀大肌使用较频繁?

☐ A.慢走。

☐ B.跑步。

☐ C.深蹲。

☐ D.上坡行走。

问题8

在下列哪些运动中，髋关节外旋肌群发挥重要作用?

☐ A.格斗。

☐ B.高尔夫。

☐ C.足球。

☐ D.棒球。

见107-109页答案

问题9

髋关节外旋肌群韧性差，会导致哪些病理状况发生?

☐ A.腰部曲度降低。

☐ B.脊柱向外侧偏离。

☐ C.外旋运动时灵活性降低。

☐ D.背部疼痛。

问题10

哪块肌肉可以阻碍神经流的传输，并能引发坐骨神经痛的症状?

☐ A.臀大肌。

☐ B.臀小肌。

☐ C.股方肌。

☐ D.梨状肌。

 见109-110页答案

臀肌和髋关节外旋肌群的相关问题答案
（图解①、②、③、④）

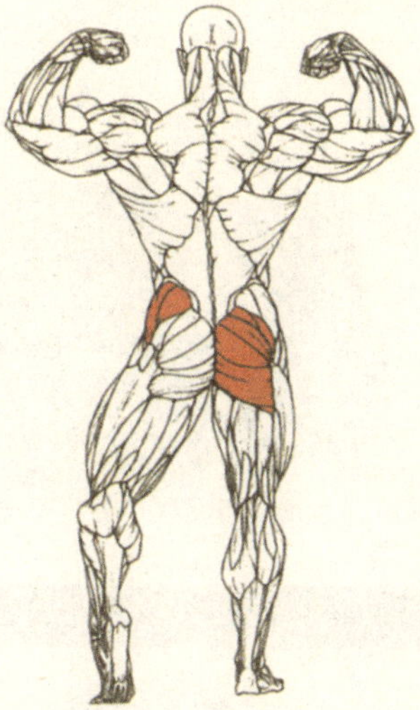

1

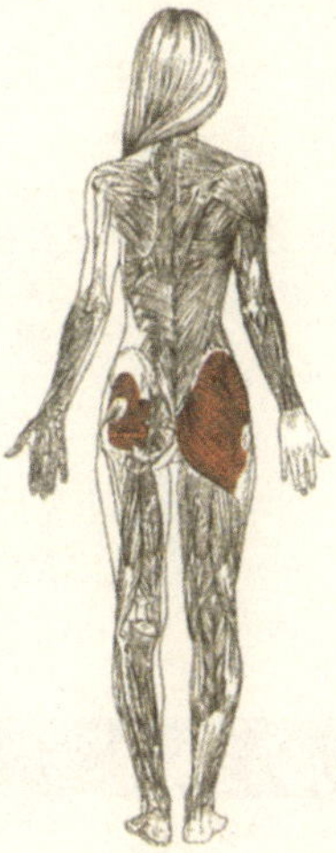

2

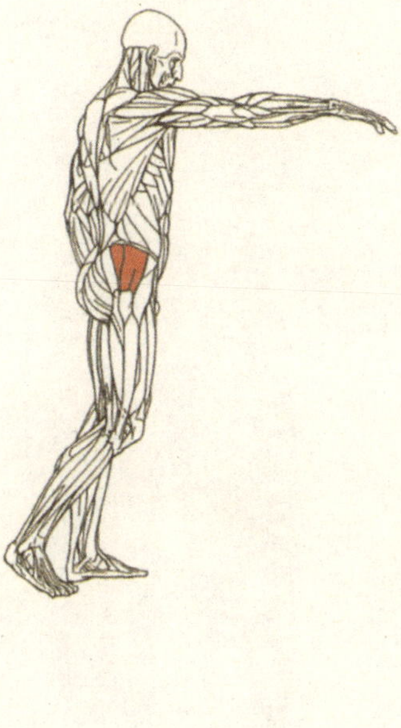

3

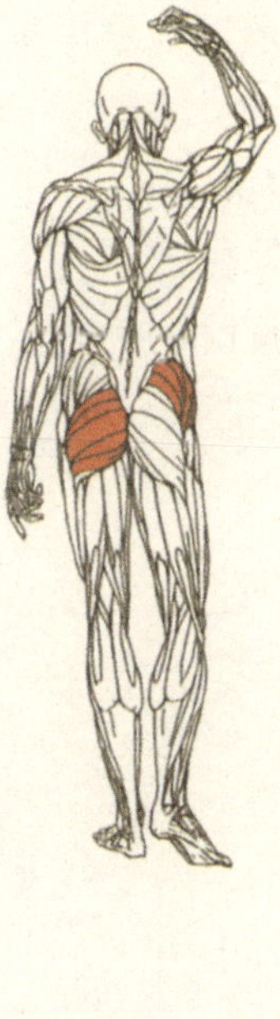

4

问题1：B.

⚠ **注意，答案的关键点：**臀肌一般被分成三个部分：

——臀大肌，占据臀的大部；
——臀中肌，位于外侧；
——臀小肌，位于臀中肌深层。

臀部的解剖

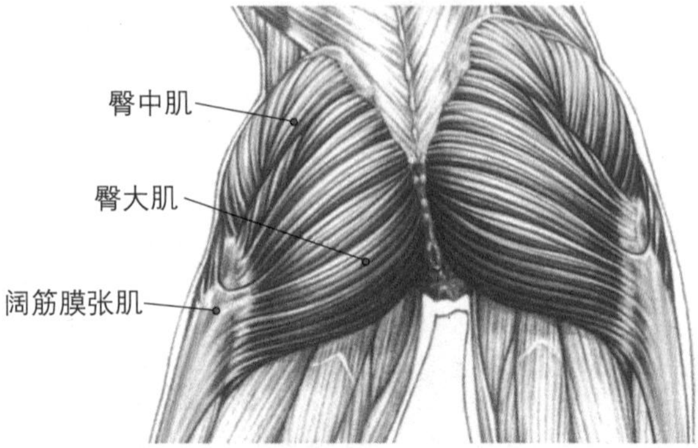

问题2：A、C、D.

⚠ **注意，答案的关键点：**由于臀大肌位于臀部中央位置，且靠近身体重心，所以它发挥着很重要的作用：

——后伸大腿；
——矫正骨盆；
——带动股骨外旋。

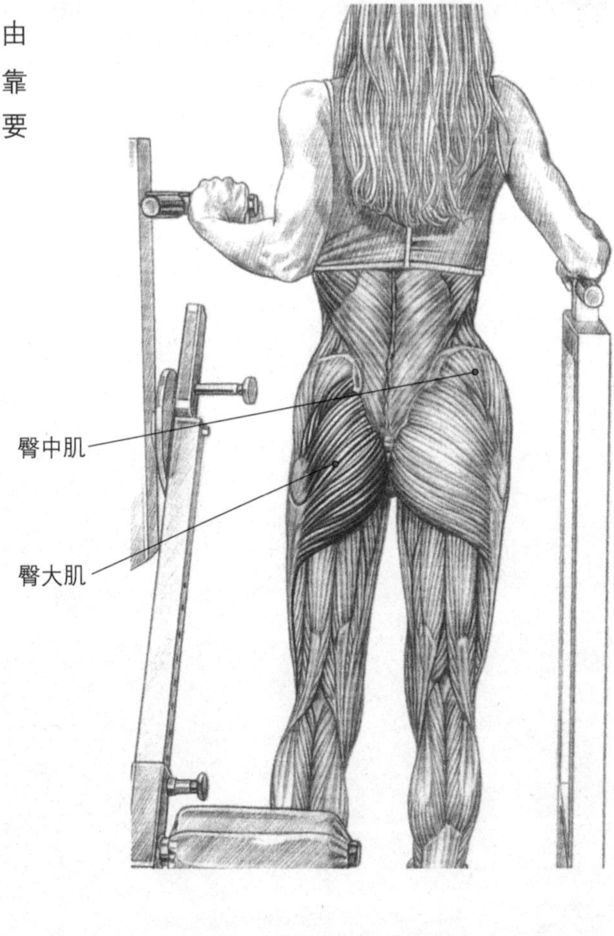

问题3：A、B、C.

⚠ **注意，答案的关键点：**虽然臀中肌的形状不大，但是其在运动中所起的重要作用却不可被忽视，因为当人们抬腿走路时，它可以外展大腿、保持上身稳定。此外，其前部纤维也可以使髋部弯曲。

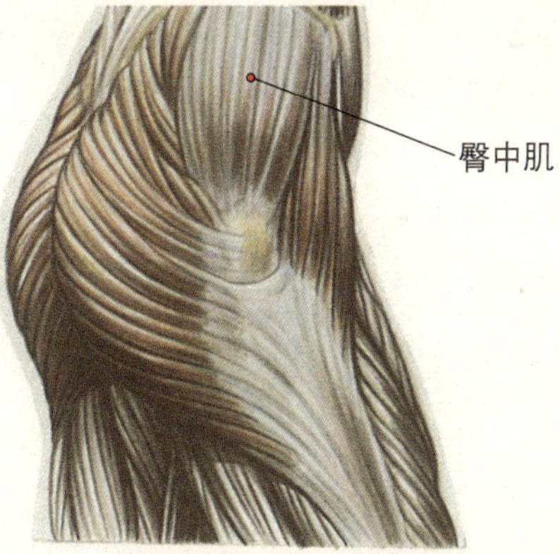

问题4：A、B、C、D.

⚠ **注意，答案的关键点：**本题所提到的肌肉都参与了髋部的外旋运动。但是在参与运动的肌肉中，梨状肌的作用最为关键，对髋部外旋运动起着至关重要的作用。

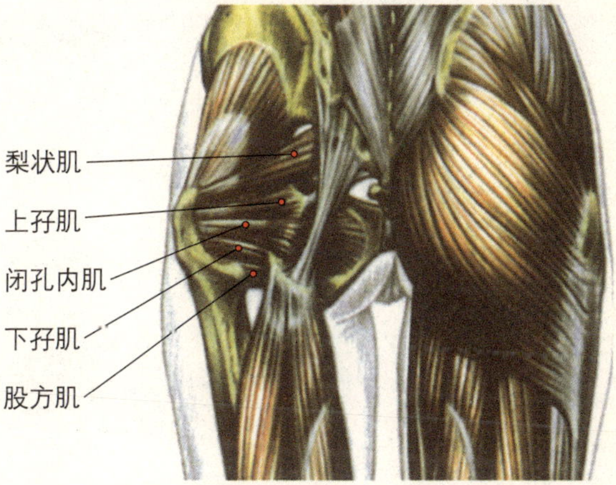

问题5：A、C、D.

⚠ **注意，答案的关键点：**除了髋部的外旋运动外，髋关节外旋肌群还在保持腰部曲度方面起着重要作用。如果髋关节外旋肌群韧性不够，僵硬的肌肉就会牵引背的下部，从而失去了腰部自然的弯曲弧度。对于腰椎骨畸形的人，即便是跑步甚至简单的步行，外部震动也很容易引起椎间盘受损。

另一方面，梨状肌也是髋关节的外展肌之一，同时也起着外展大腿的作用。

问题6：B、C、D.

⚠ **注意，答案的关键点：**使骨盆保持平衡，在运动中极其关键，而这要归功于臀中肌的作用。当然，就某种程度上说，臀大肌和臀小肌也起到稳固骨盆平衡的作用。

臀小肌和臀中肌的作用

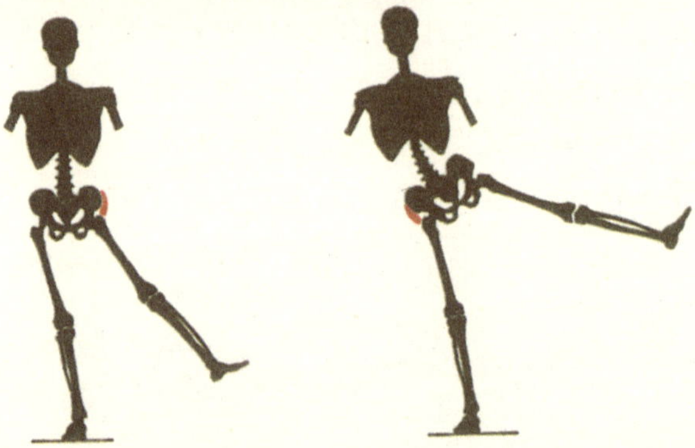

髋部外展（由于股骨颈与髋臼窝边缘相接触，故活动度受限）。

髋部大幅度外展（另侧的股骨头上方，导致骨盆摇晃）。

问题7：B、C、D.

⚠ **注意，答案的关键点：**当人们在慢走时，臀大肌的参与度并不高。为了保证腘绳肌在髋骨外展运动中的正常工作，力量应保持在一定强度之上。步行（如攀爬斜坡、楼梯等）越快，肌肉的参与力度越大。

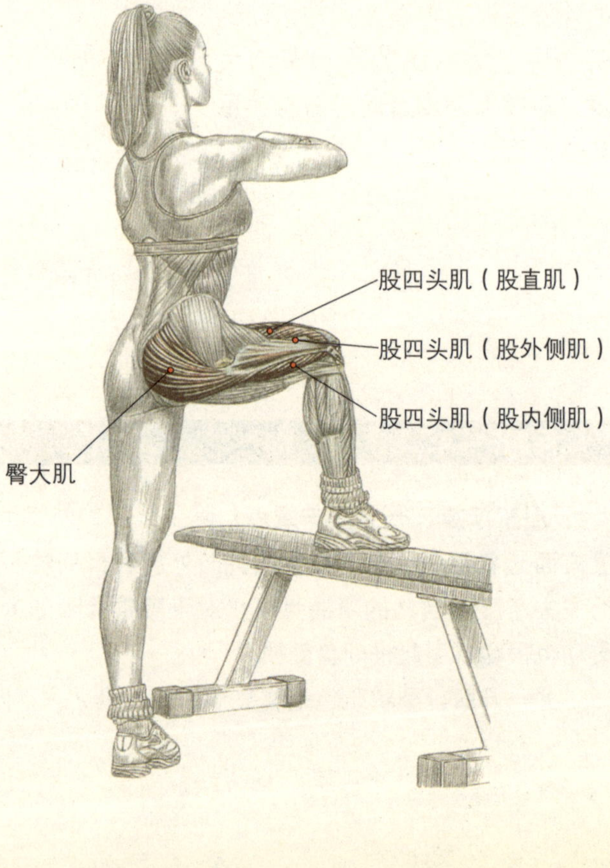

问题8：A、B、C、D.

⚠ **注意，答案的关键点：**髋关节外旋肌群对于运动员尤其重要，特别是涉及髋关节移动及外旋运动的项目，如足球、格斗、高尔夫球、棒球……虽然这些肌肉在运动中起着非常重要的作用，却时常被人们忽视，所以有必要进行特别的肌肉力量训练和柔韧性训练。

问题9：A、B、C、D.

⚠ **注意，答案的关键点：**对于运动员，需要了解髋关节外旋肌群的柔韧性对于运动的重要意义。髋关节外旋肌群旋绕在人的背部，而且大部分人的左右两边髋关节外旋肌群柔韧性并不均衡。医学研究发现，如果不注意保护，它可能会引起腰部曲度偏离，所以对于经常进行高强度运动的人员，应当时时留意，以免受伤。除此之外，某些背部疼痛也会导致背部畸形。

部分运动项目会对髋部外旋运动有较高要求，例如打高尔夫球，若髋关节外旋肌群肌肉僵硬，则很难将运动姿势做到位。

问题10：D.

⚠ **注意，答案的关键点：**有时，梨状肌会阻碍神经流的传输，也就是会引起人们俗称的坐骨神经痛。肌肉柔韧性练习可以有效缓解症状，如果训练者通过不断地系统训练，达到髋骨周围肌肉左右柔韧性均衡的状态，则更有利于减轻病痛。

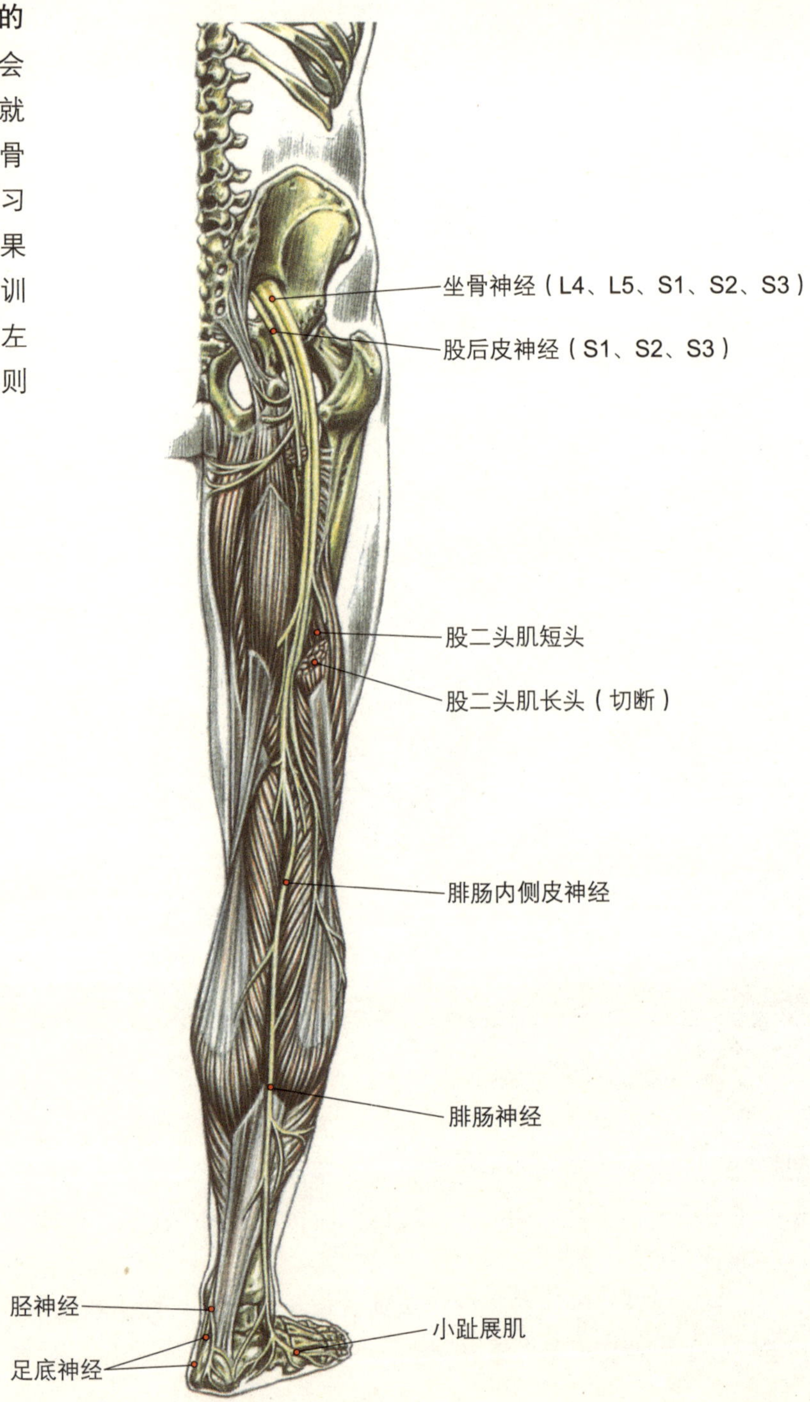

第九章　腘绳肌及和大腿内收肌群

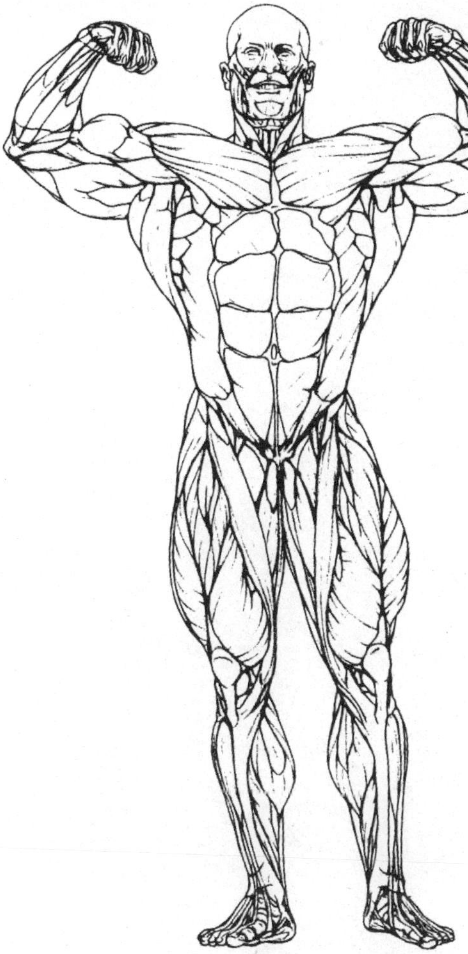

涂色题2

请找出人体右侧的腘绳肌，及人体左侧的其他大腿内收肌群。

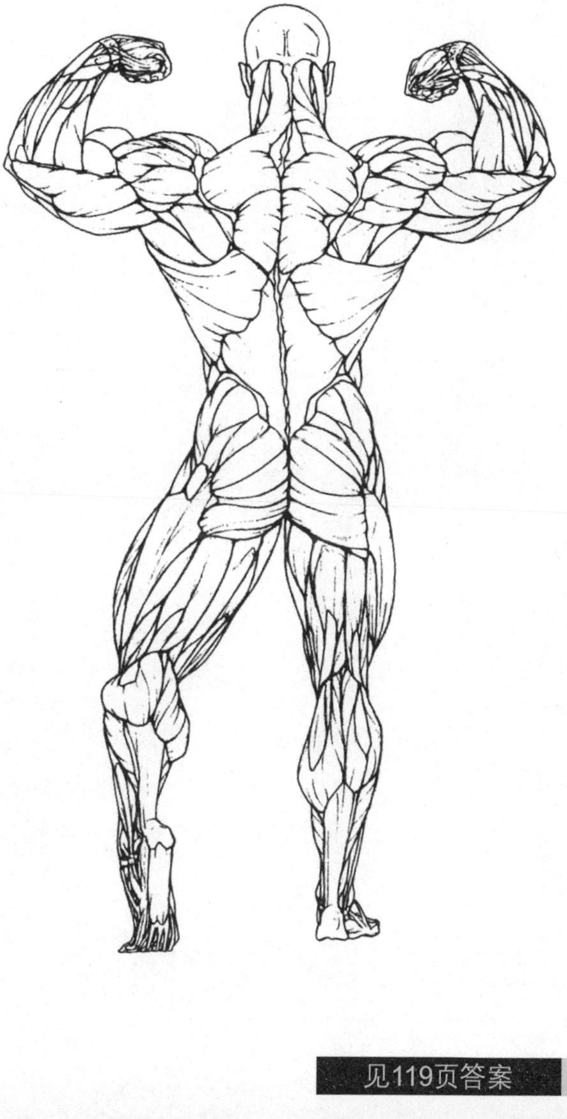

涂色题1

请找出人体左侧的缝匠肌，及人体右侧的其他大腿内收肌群。

见119页答案

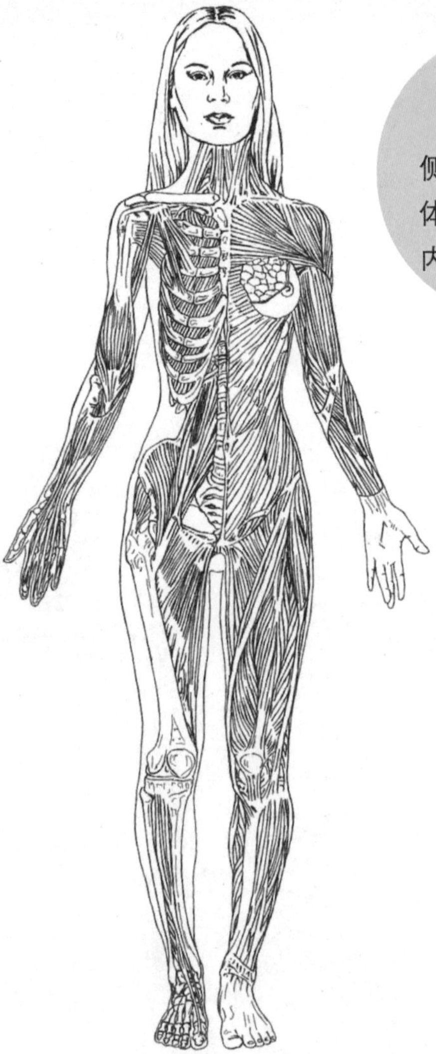

涂色题3

请找出人体左侧的缝匠肌，及人体右侧的其他大腿内收肌群。

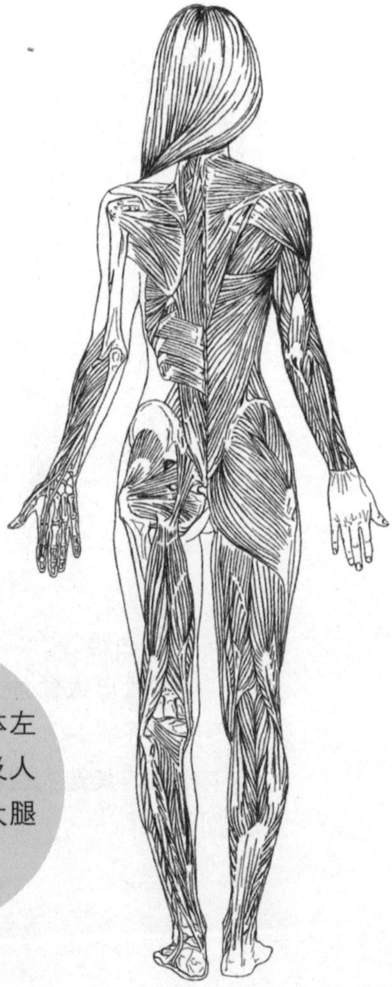

涂色题4

请找出人体左侧的腘绳肌，及人体右侧的其他大腿内收肌群。

见119页答案

涂色题5

请找出人体左侧的缝匠肌，及人体右侧的其他大腿内收肌群。

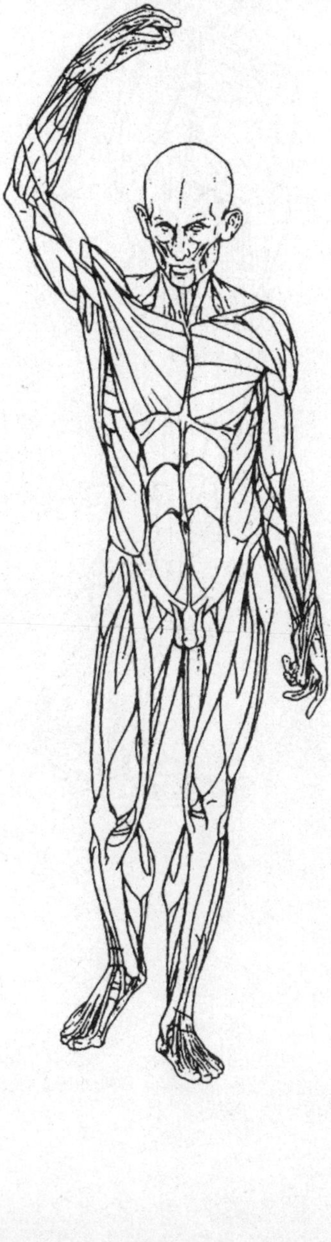

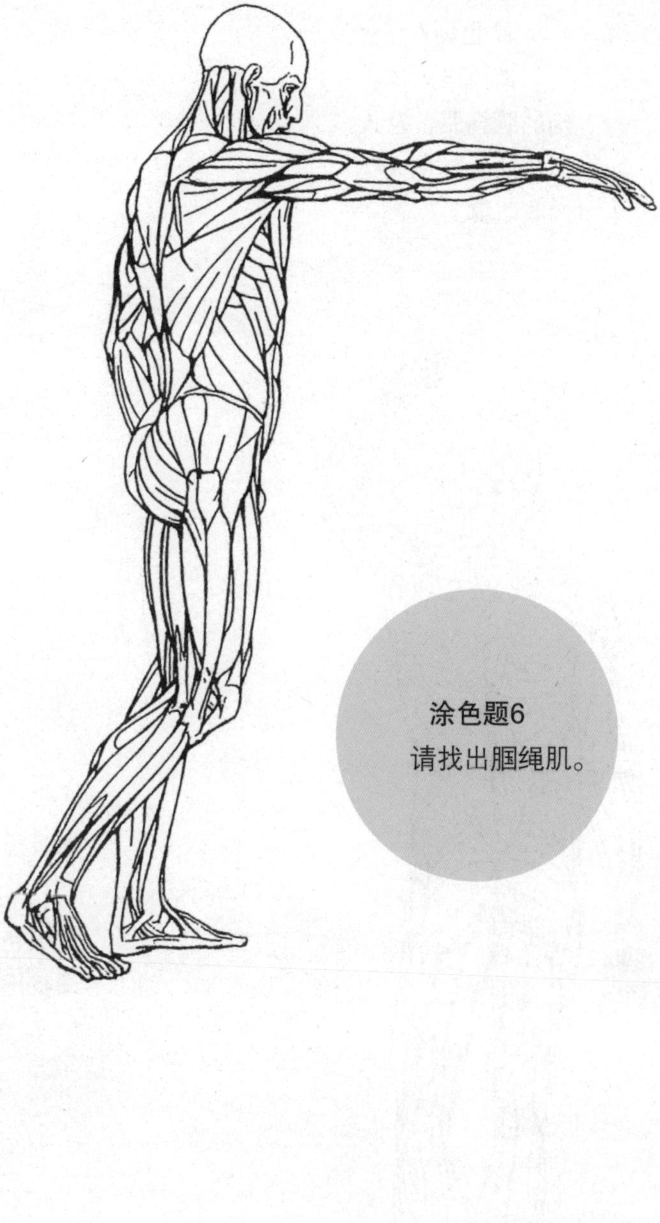

涂色题6

请找出腘绳肌。

见119页答案

涂色题7

请找出人体右侧的腘绳肌，及人体左侧的其他大腿内收肌群。

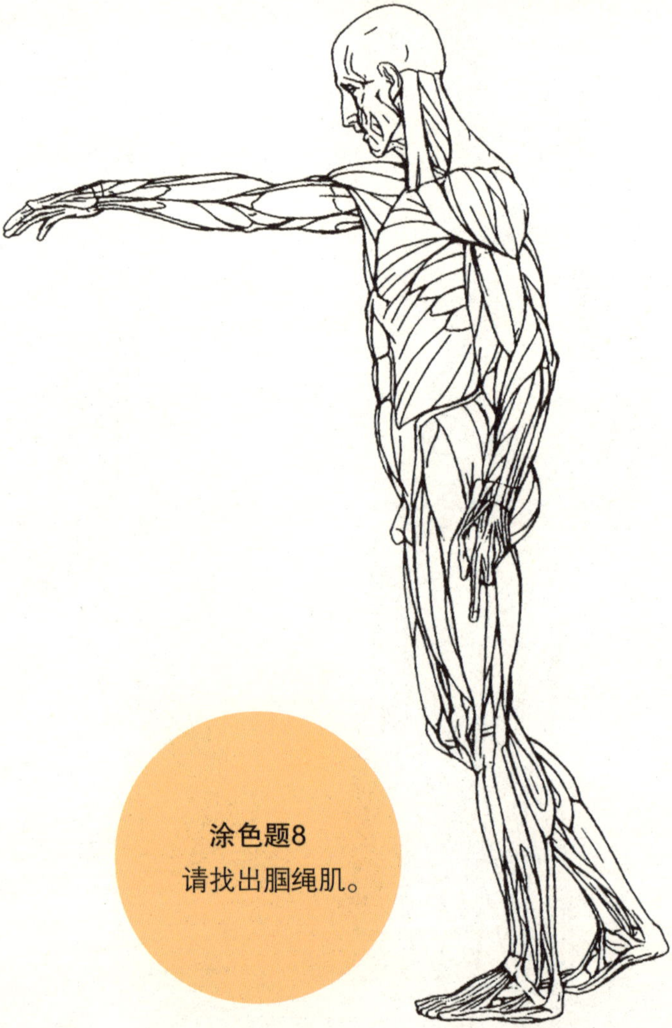

涂色题8

请找出腘绳肌。

见119页答案

腘绳肌的解剖学相关问题

问题1

哪些肌肉组成了腘绳肌?

□ A.股二头肌。

□ B.半腱肌。

□ C.半膜肌。

□ D.腘绳肌。

问题2

腘绳肌具有什么功能?

□ A.当上身前倾的时候，抬起骨盆。

□ B.弯曲腿。

□ C.使两腿紧靠。

□ D.起着大腿内旋肌的作用。

问题3

在运动过程中，股四头肌和腘绳肌是否为对抗肌?原因是什么?

□ A.是对抗肌。因为当一块肌肉收缩时，另一块肌肉就会松弛。

□ B.是对抗肌。因为当一块肌肉收缩时，另一块肌肉就会伸长。

□ C.不是对抗肌。因为它们同时都会收缩。

□ D.不是对抗肌。因为它们会各自收缩，彼此不影响。

见120-121页答案

大腿内收肌群的解剖学相关问题

问题4

大腿内收肌群包括哪些主要肌肉?

☐ A.股薄肌。

☐ B.大收肌、短收肌、长收肌。

☐ C.耻骨肌。

☐ D.大转子。

问题5

大腿内收肌群的作用是哪些?

☐ A.使大腿并紧，使下肢靠近中线。

☐ B.使腿部内旋。

☐ C.辅助腘绳肌。

☐ D.使腿部前伸。

见122页答案

腘绳肌的生物力学相关问题

问题6

在做直腿硬拉和负重躬身训练时，哪种体型的人更容易完成动作?

☐ A.腿长躯干短。

☐ B.腿短躯干长。

☐ C.腿和躯干都长。

☐ D.腿和躯干都短。

问题7

在做屈腿硬拉训练时，哪种体型的人更容易完成动作?

☐ A.腿长躯干短。

☐ B.腿短躯干长。

☐ C.手臂长。

☐ D.手臂短。

腘绳肌的力量加强训练相关问题

问题8

在做俯卧腿弯举训练时，屈腿时把双脚外旋，这时会感到哪块肌肉在用力?其主要作用的肌肉是什么?

☐ A.半腱肌。

☐ B.半膜肌。

☐ C.股二头肌。

☐ D.大腿内收肌群。

见123-124页答案

问题9

在做屈腿硬拉训练时，若负重过大，则会：

☐ A.对背部没有危险，因未能有效地加强腰部肌肉的力量。

☐ B.没有危险，以这样的方式训练非常恰当。

☐ C.并不能因为腰部肌肉得到训练，就认为椎间盘不会发生危险。

☐ D.应尽量避免进行屈腿硬拉训练。

问题10

腘绳肌拉伤是运动员尤其需要注意的问题。下列哪种预防方法最好？

☐ A.时常做拉伸会使腘绳肌保持良好的柔韧性。

☐ B.对其进行专业肌肉训练。

☐ C.肌肉训练和拉伸练习结合起来。

☐ D.无须做训练，无须小心。

 见124-125页答案

腘绳肌和大腿内收肌群的相关问题答案
(图解①、②、③、④、⑤、⑥、⑦、⑧)

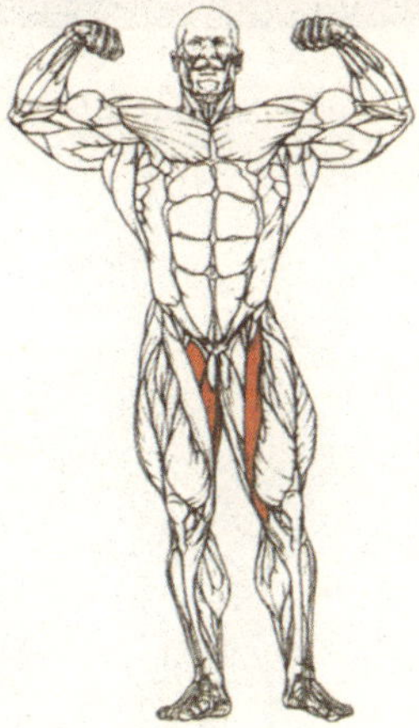

1

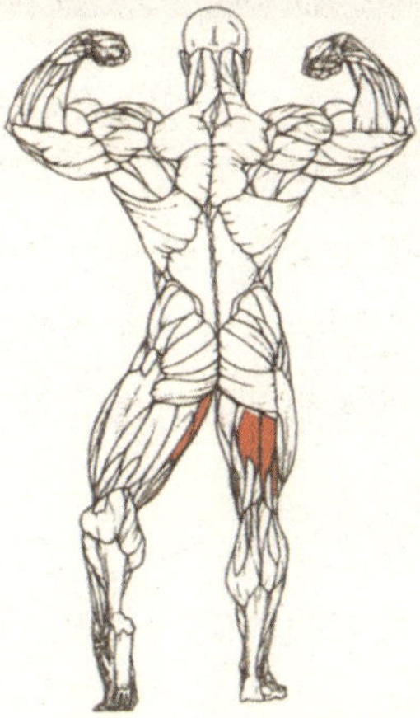

2

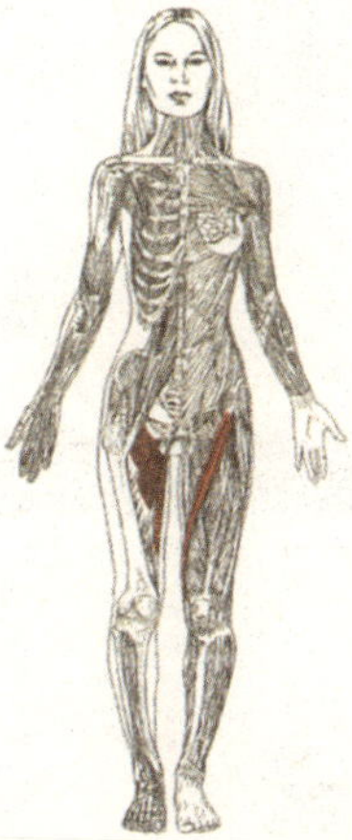

3

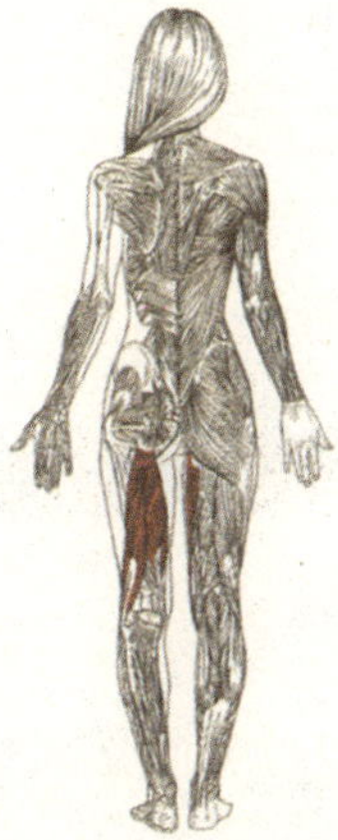

4

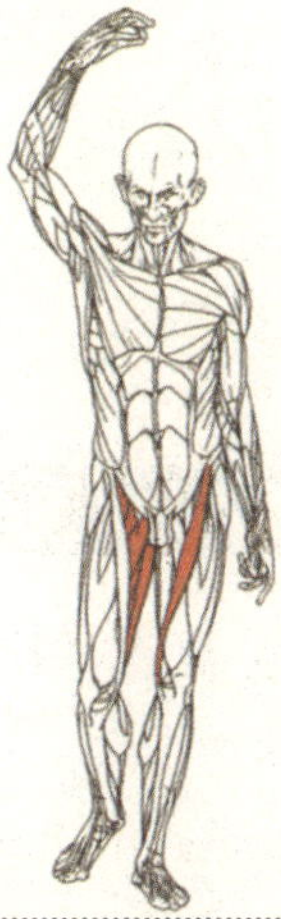

5

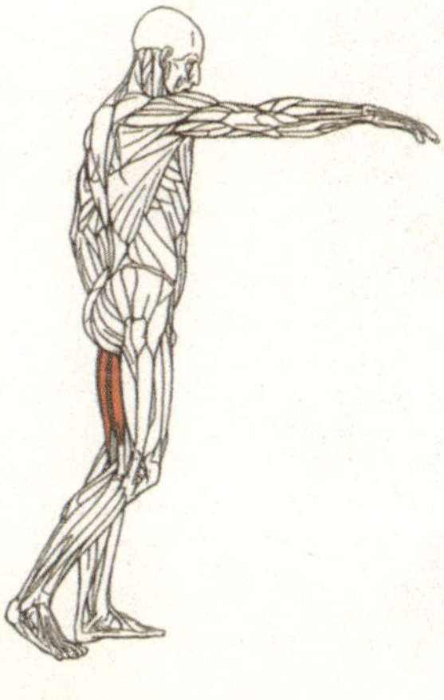

6

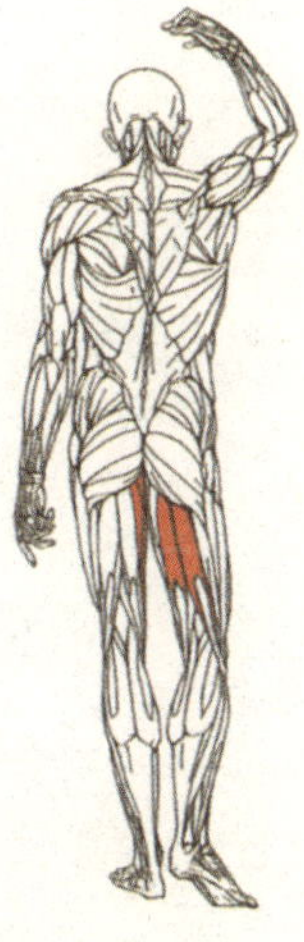

7

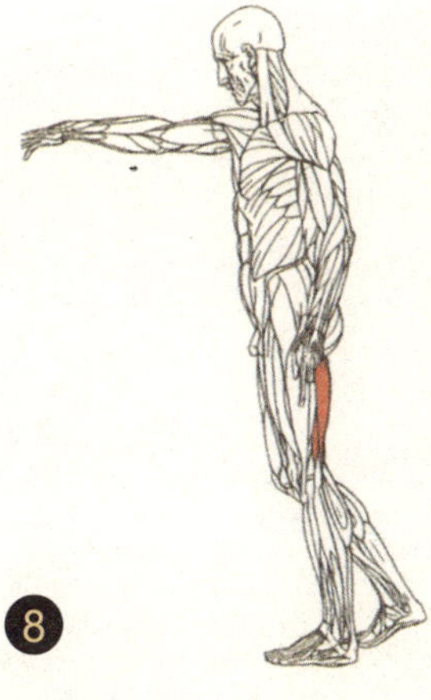

8

问题1：A、B、C.

⚠ **注意，答案的关键点：**腘绳肌由三个部分构成：

——股二头肌，位于大腿外侧；

——半腱肌，位于大腿内侧；

——半膜肌，其大部分被半腱肌所覆盖。

除了股二头肌以外，大腿后侧肌肉由许多多关节肌构成。

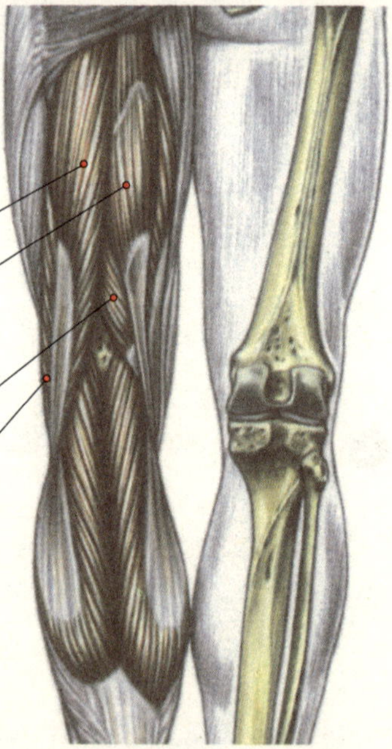

问题2：A、B.

⚠ **注意，答案的关键点：**腘绳肌具有两个作用：

——当人们上身前倾的时候，抬起骨盆；

——使腿部弯曲。

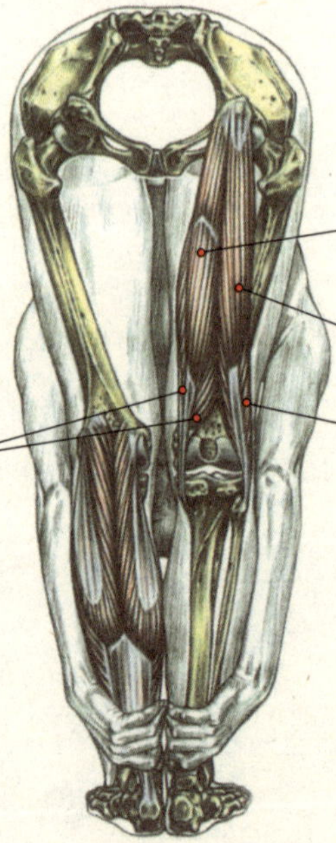

问题3：C.

⚠ **注意，答案的关键点：**股四头肌和腘绳肌并非真正意义上的对抗肌，这可能与很多人的认识存在着较大差异。腘绳肌多数由双关节肌组成，当人向前踢腿的时候，它会收缩肌肉下部，而肌肉上部则会松弛并伸长。股直肌则收缩其肌肉上部，而肌肉下部则会松弛并伸长。

当箭步蹲时，收缩和舒张的情况则恰好相反。这种情况我们通常称之为合作收缩，而并非对抗作用。在做跑步、深蹲、腿举等动作时，肌肉的运动机制也与此相同。

问题4：A、B、C.

注意，答案的关键点：大腿内收肌群主要包括：

——股薄肌；

——大收肌、短收肌、长收肌；

——耻骨肌。

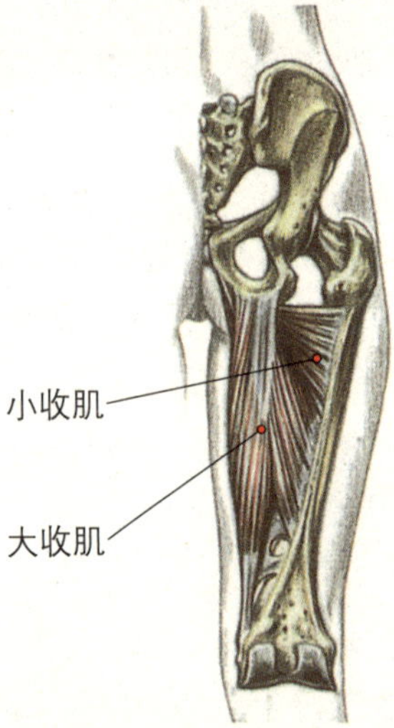

大收肌和小收肌（后面观）

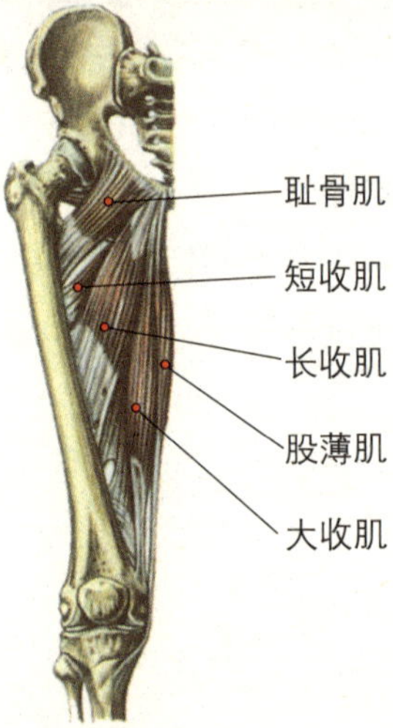

大腿内收肌群

问题5：A、B、C.

注意，答案的关键点：大腿内收肌群时常和腘绳肌共同工作，所以二者的功能非常相似。尤其在进行大腿肌肉训练时，也就是腿部受到阻力的时候，情况更是如此。

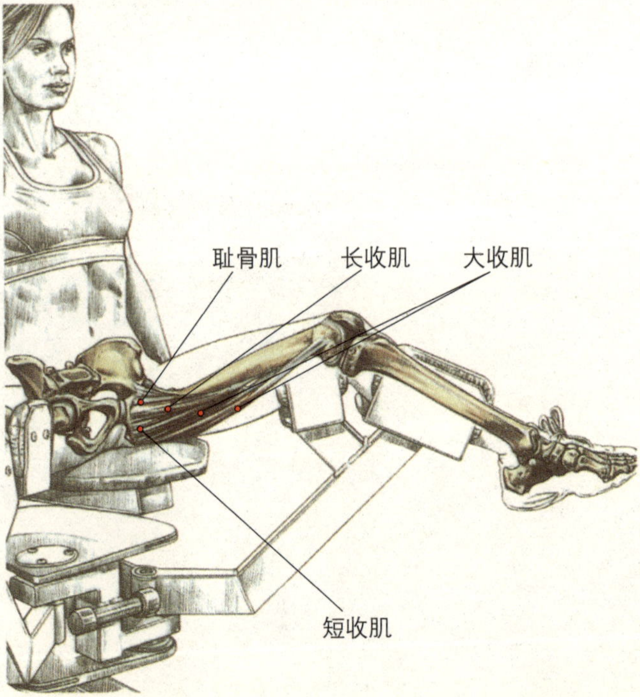

问题6：A.

⚠ **注意，答案的关键点：**不得不承认，在做直腿硬拉和负重躬身训练时，腿和躯干长度的比例会对用力大小起到决定作用。相对于腿长的人，躯干越短的人，杠杆作用越不明显，从而更易完成动作。

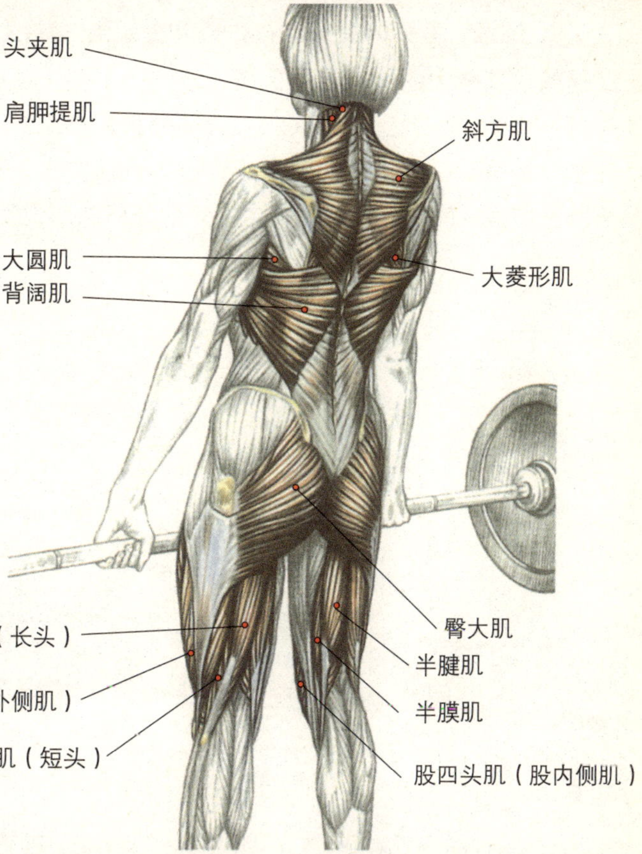

问题7：A、C.

⚠ **注意，答案的关键点：**一般，在做屈腿硬拉训练时，四肢修长的人更容易完成动作。如果手臂长而躯干短，则会减小运动幅度，从而更易于将重物拉起，而且受伤的危险系数也会降低很多。

身体结构的个体差异在屈腿硬拉训练中的不同起始位置

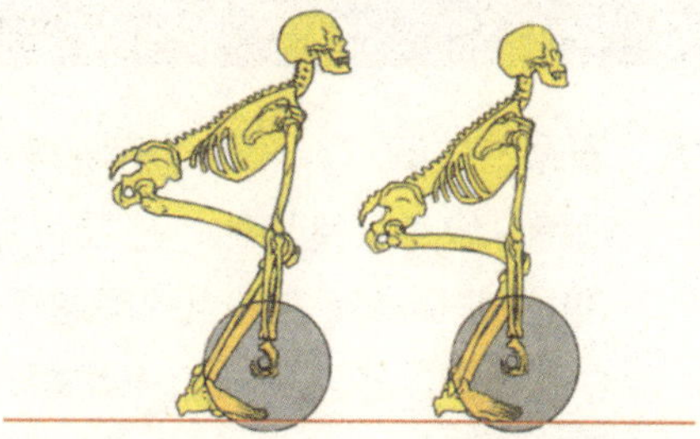

四肢修长，躯干短：腿部半屈，躯干倾斜度大。

四肢短，躯干长：大腿水平，躯干倾斜度小。

问题8：C.

⚠ **注意，答案的关键点：**构成腘绳肌的三块肌肉，经常会出现发育程度不一致的情况。例如，某些人的股二头肌比较发达，而有些人的则不那么发达。当做腿弯举双脚外旋动作时，优先强化的是股二头肌（大腿外侧肌肉）；而当做腿弯举双脚内旋动作时，则会优先强化那些常常不发达的肌肉（大腿内侧肌肉）。所以，应经常锻炼不同姿势，以实现腿部肌肉均衡，确保在运动过程中内外两侧肌肉均匀发力，从而避免受伤。

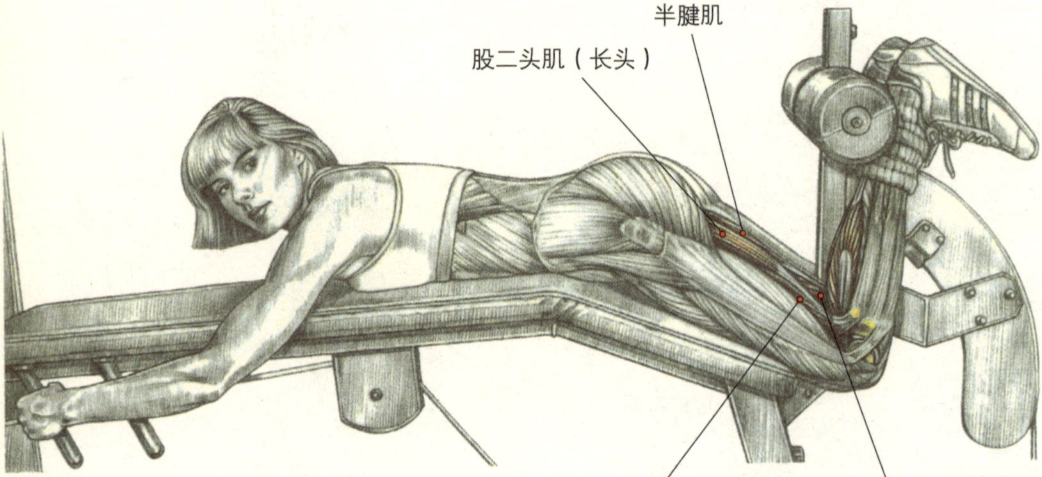

问题9：C.

⚠ **注意，答案的关键点：**有些肌肉训练出版物宣称，一些复合力量练习对于运动无足轻重。例如，深蹲、俯身杠铃划船、屈腿硬拉、颈后推举……这些都是人们经常提到的复合训练动作。在做这些训练时，出现的问题不是背部肌肉是否会受伤，而是何时受伤。

但这个善意的提醒在很多人看来值得商榷，于是有些人针对每种器械设计了一种规范的训练方式，以降低运动的危险性！没有比这更具有欺骗性：

——很少有运动员参加比赛，脊柱却未曾受过伤；

——并不能因为腰部肌肉得到训练，就能做到椎间盘永远不会发生危险；

——如果某些运动员在进行复合训练时肌肉比较松懈，他们其中的很多人为了达到训练动作幅度的要求，应该会有驼背的现象。

问题10：C.

⚠ **注意，答案的关键点：**对于需要奔跑的运动，腘绳肌拉伤非常常见，尤其对那些需要不规律冲刺快跑的运动而言更是如此，例如，跑步、橄榄球、羽毛球、乒乓球、网球、滑冰、田径……

曾经有这样一项医学研究，耗时长达四年，试图为足球运动员开发一套水平较高的肌肉拉伸训练计划，然而研究结果却并未达到预期目的。与大多数人的想象恰恰相反，如果使用重复的制动发力训练（离心训练），这将会减少肌肉拉伤发生的概率。所以，预防肌肉拉伤最好的办法是：将制动训练和拉伸练习有机结合起来。

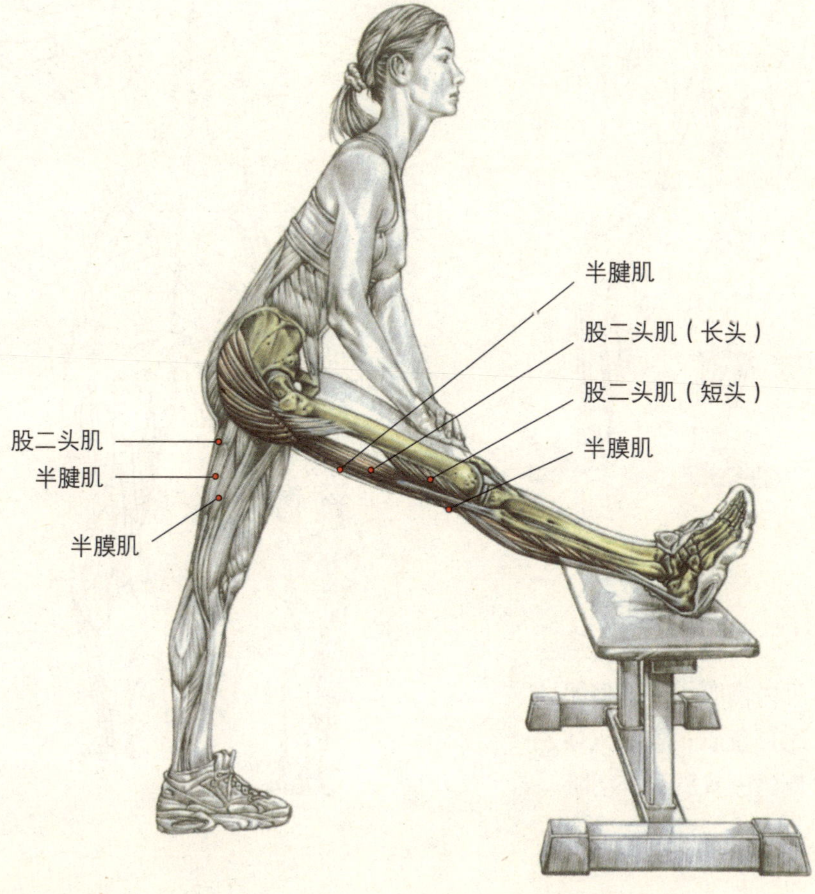

第十章　股四头肌和小腿三头肌

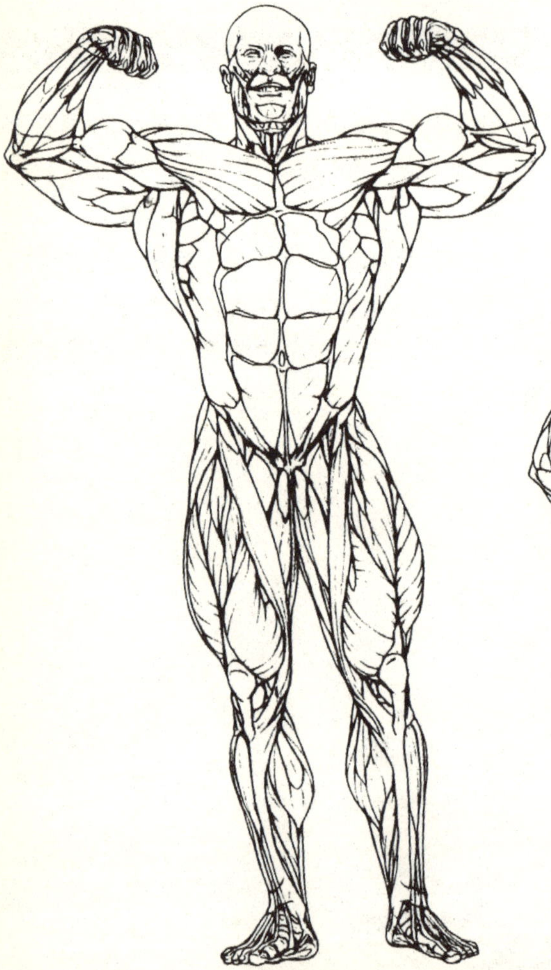

涂色题2

请找出人体右侧的腓肠肌和左侧的比目鱼肌。

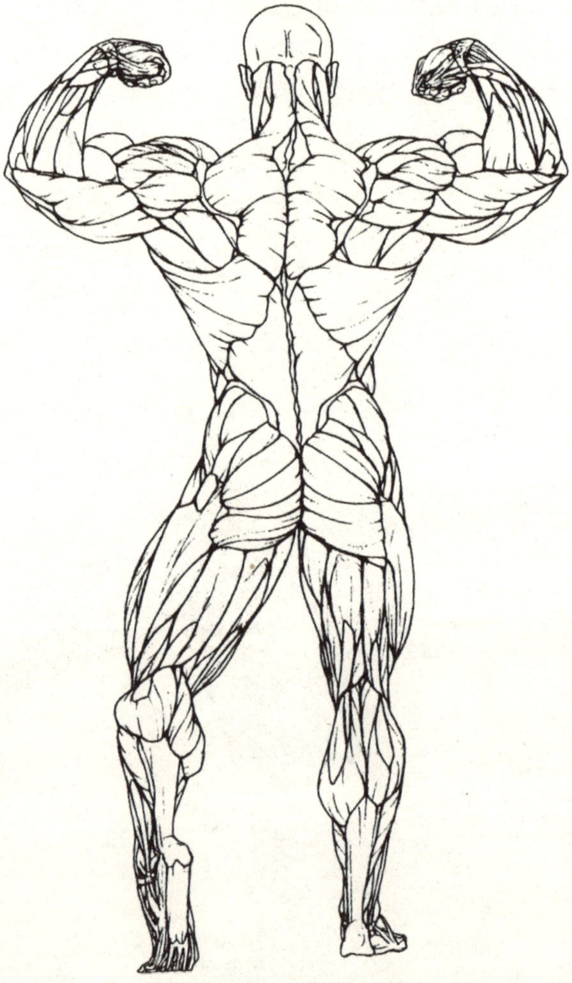

涂色题1

请找出人体右侧的股内侧肌、股外侧肌、比目鱼肌；找出人体左侧的股直肌、腓肠肌。

见134页答案

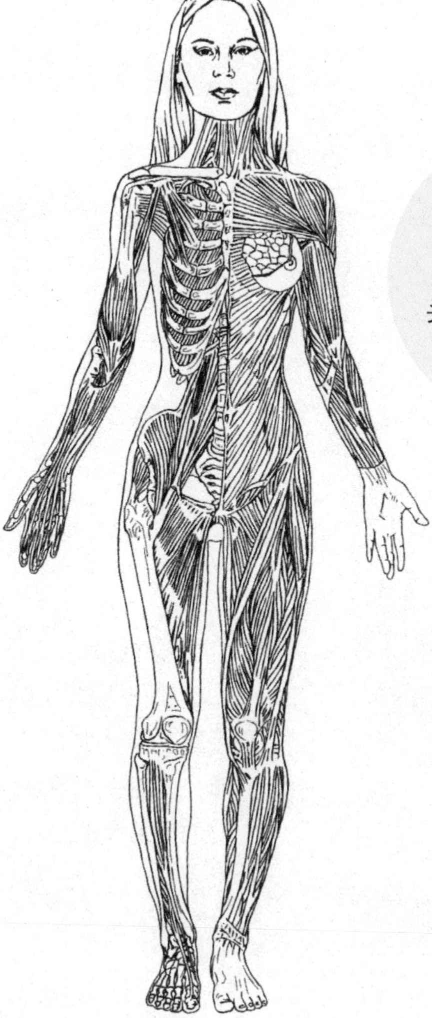

涂色题3

请找出股四头肌。

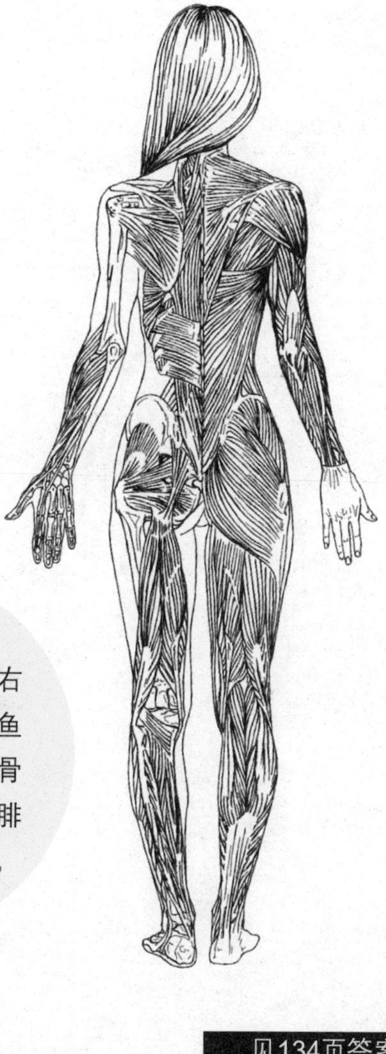

涂色题4

请找出人体右侧的腓肠肌、比目鱼肌、腓骨长肌、腓骨短肌和人体左侧的腓骨长肌、腓骨短肌。

见134页答案

涂色题5

请找出人体左侧的股直肌、腓肠肌和人体右侧的股内侧肌、股外侧肌、比目鱼肌。

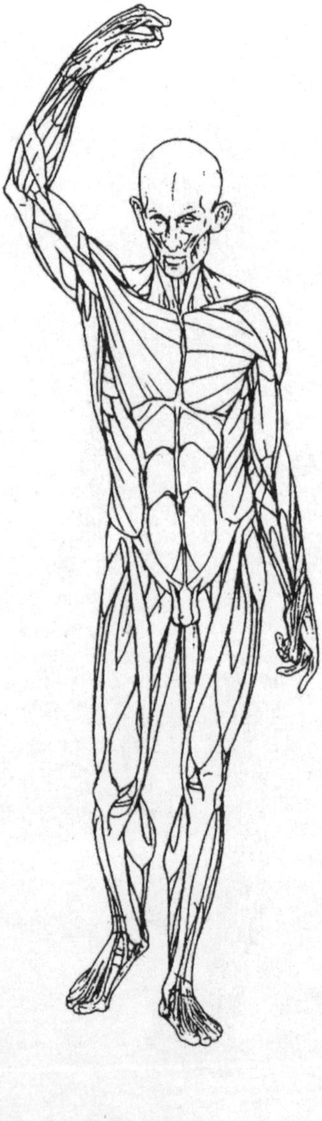

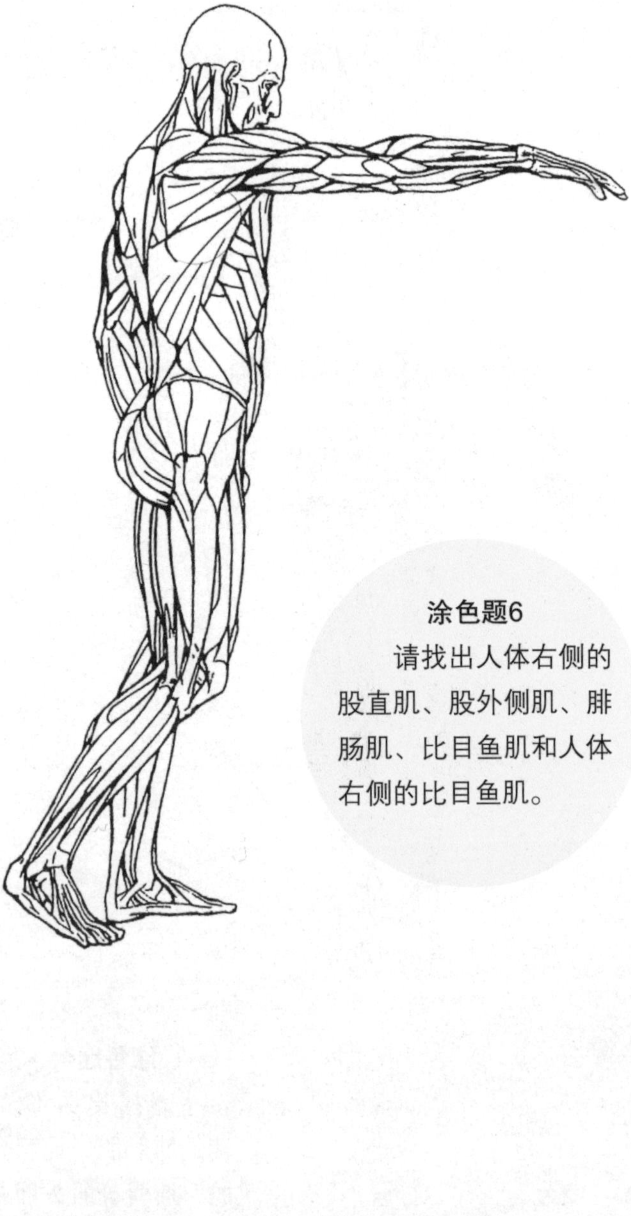

涂色题6

请找出人体右侧的股直肌、股外侧肌、腓肠肌、比目鱼肌和人体右侧的比目鱼肌。

见134页答案

涂色题7

请找出人体右侧的比目鱼肌和人体左侧的腓肠肌。

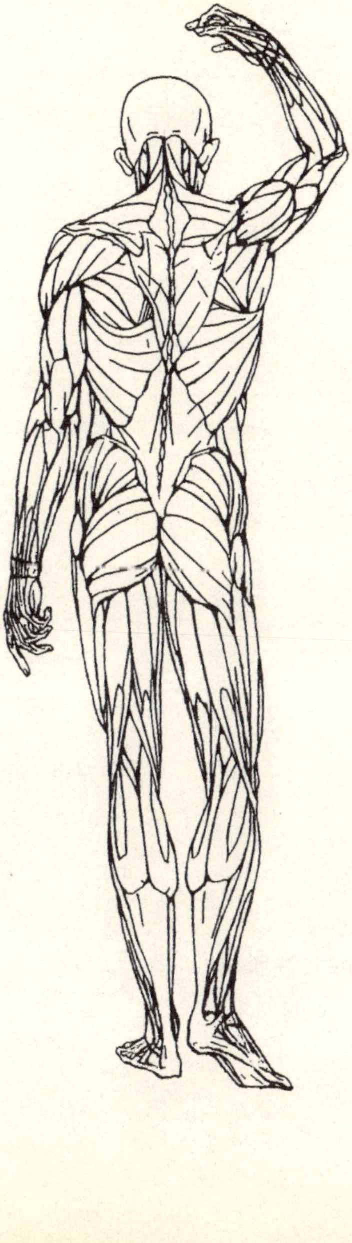

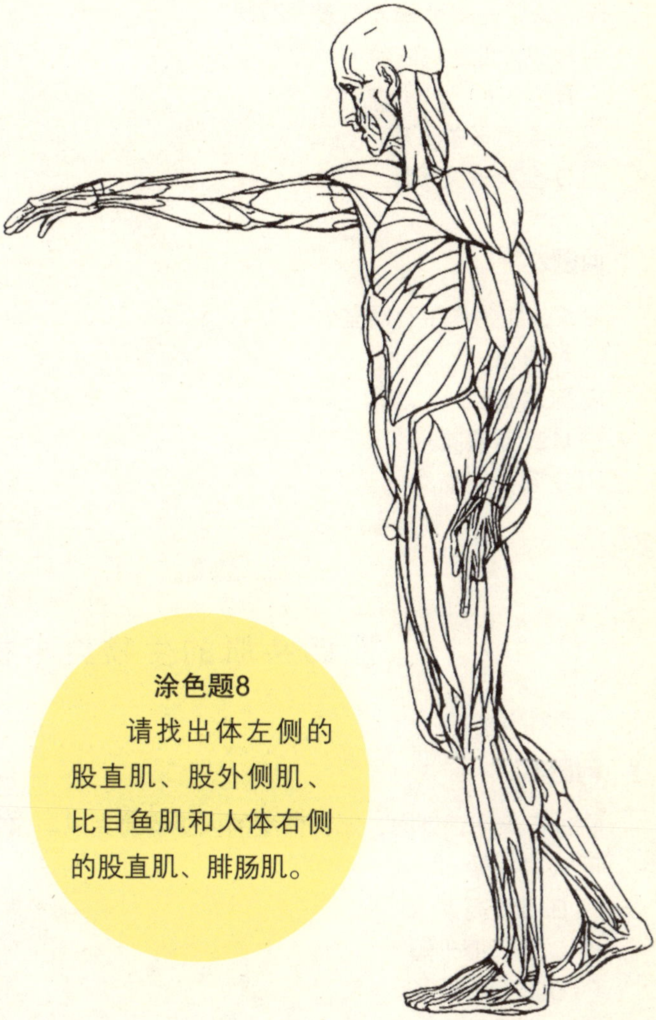

涂色题8

请找出体左侧的股直肌、股外侧肌、比目鱼肌和人体右侧的股直肌、腓肠肌。

见134页答案

股四头肌的解剖学相关问题

问题1

股四头肌的哪个部分是多关节肌?

☐ A.股外侧肌。

☐ B.股直肌。

☐ C.没有多关节肌。

☐ D.全是多关节肌。

问题2

股四头肌的作用有哪些?

☐ A.伸腿。

☐ B.屈腿。

☐ C.并紧双腿。

☐ D.弯曲髋部。

股四头肌的生物力学相关问题

问题3

在进行深蹲训练时，哪种体型的人更容易完成动作?

☐ A.身材矮小。

☐ B.身材高大。

☐ C.腿长躯干短。

☐ D.腿短躯干长。

问题4

在进行深蹲训练时，对于腿长躯干短的训练者，主要使用哪几块肌肉?

☐ A.臀肌。

☐ B.股四头肌。

☐ C.腰部肌肉。

☐ D.腘绳肌。

 见135-136页答案

问题5

在进行深蹲训练时，对于腿短躯干长的锻炼者，主要使用哪几块肌肉？

☐ A.臀肌。

☐ B.股四头肌。

☐ C.腰部肌肉。

☐ D.腘绳肌。

股四头肌的力量加强训练相关问题

问题6

对于腿长躯干短的训练者，为了更好地锻炼股四头肌，应选择哪项运动？

☐ A.哈克深蹲。

☐ B.深蹲。

☐ C.腿举。

☐ D.腿屈伸。

问题7

在进行深蹲训练时，为避免上身向前过度倾斜，最好的解决方法是：

☐ A.穿平底鞋。

☐ B.穿跟高的鞋（举重鞋），或者垫个楔形垫。

☐ C.两腿分开。

☐ D.两腿并拢。

问题8

在进行深蹲训练时，如果在脚跟处加上垫片，则会：

☐ A.增加上身倾斜度。

☐ B.降低上身倾斜度。

☐ C.增加运动幅度。

☐ D.降低运动幅度。

见137-138页答案

问题9

在进行深蹲训练时，杠铃放在斜方肌上与放在背上部相比，有哪些优点？

□ A.可避免压坏颈部肌肉。

□ B.可更有效地针对股四头肌进行训练。

□ C.更有负重感。

□ D.身体可以挺得更直。

问题10

在进行深蹲训练时，应怎样调整呼吸？

□ A.起身时吸气，下蹲时呼气。

□ B.起身时呼气，下蹲时吸气。

□ C.在起身最困难的时刻，要屏住呼吸。

□ D.整个训练过程都应做深呼吸。

问题11

在做深蹲或腿举动作中，在肌肉收缩阶段应该：

□ A.把腿完全伸直。

□ B.不可把腿完全伸直。

□ C.若负重大，应伸直双腿；若负重小，应稍稍放松腿部，无须完全伸直。

□ D.仅对于某些女性而言无须把腿伸直。

问题12

在腿屈伸运动中，若想使股直肌得到训练，应该：

□ A.前倾身体。

□ B.后倾身体。

□ C.保持直立。

□ D.双脚外旋。

 见138-139页答案

小腿三头肌的解剖学相关问题

问题13

小腿三头肌的哪些部分是两关节头肌肉?

☐ A.腓肠肌。

☐ B.比目鱼肌。

☐ C.胫骨肌前肌。

☐ D.没有一块是两关节头肌肉。

问题14

小腿三头肌的作用是什么?

☐ A.伸脚。

☐ B.伸腿。

☐ C.抬脚。

☐ D.把小腿后抬，靠近大腿。

小腿三头肌的经典病理学相关问题

问题15

当扭动脚踝的时候，容易对哪个部位造成损伤?

☐ A.比目鱼肌肌腱。

☐ B.腓肠肌肌腱。

☐ C.跎腱。

☐ D.连接腓骨长肌、腓骨短肌肌腱的韧带。

见140-141页答案

股四头肌和小腿三头肌的相关问题答案
（图解①、②、③、④、⑤、⑥、⑦、⑧）

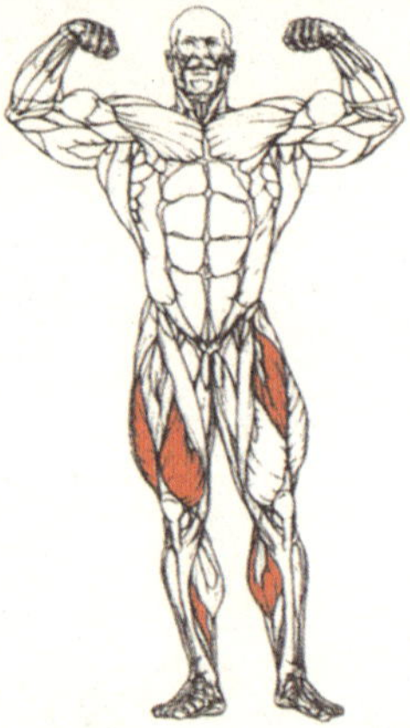

1

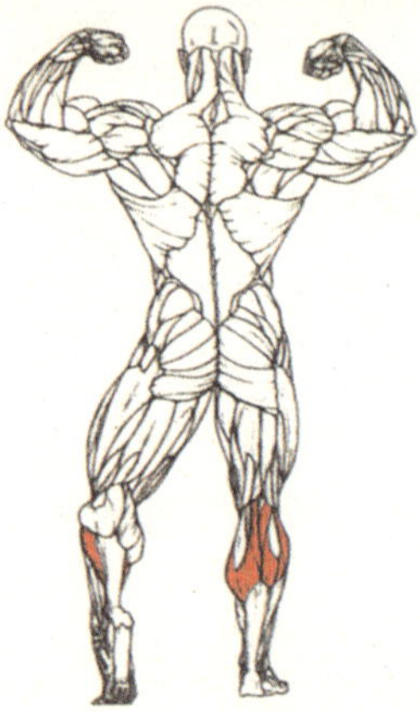

2

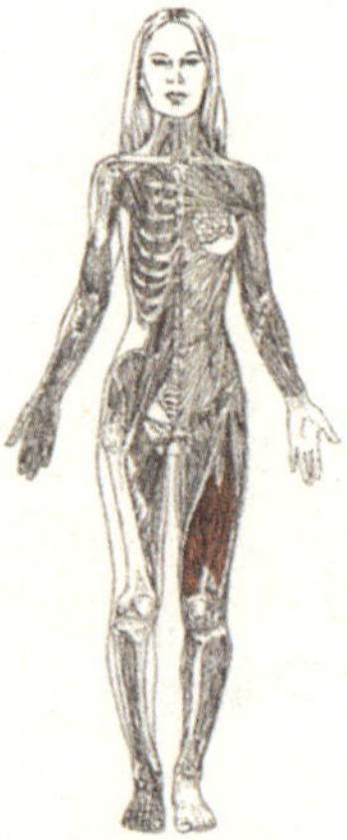

3

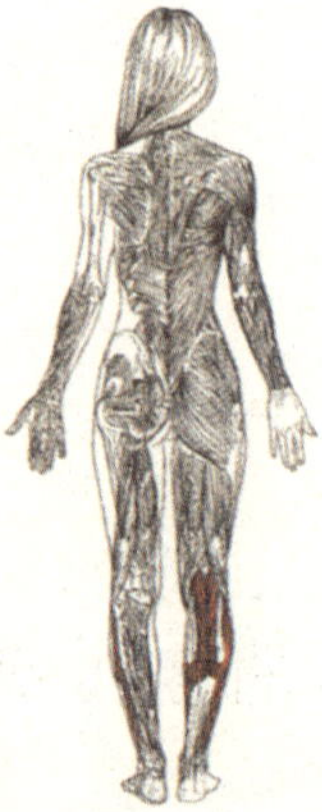

4

5

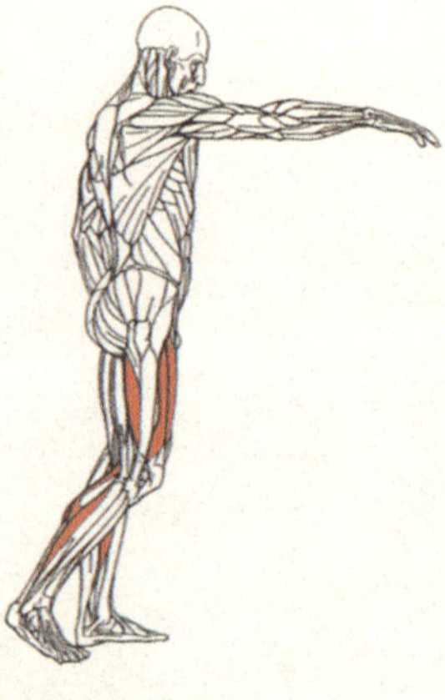

6

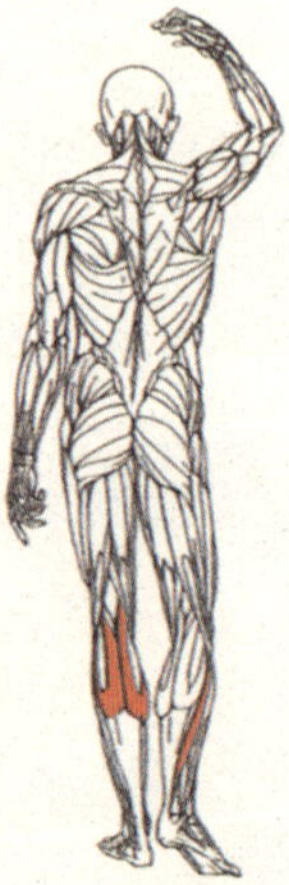

7

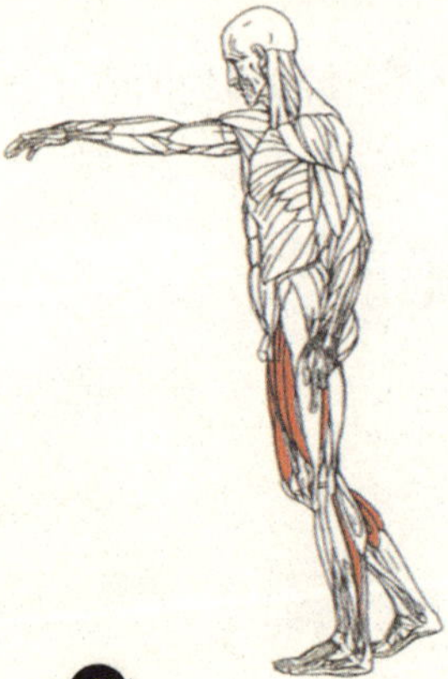

8

问题1：B.

注意，答案的关键点：股四头肌由四个头组成：

——股外侧肌，位于大腿外侧；

——股内侧肌，位于大腿内侧；

——股中肌，大部分被其他三个头所覆盖；

——股直肌，位于大腿前部中间。

只有股直肌是多关节肌，其他三个都是单关节肌。

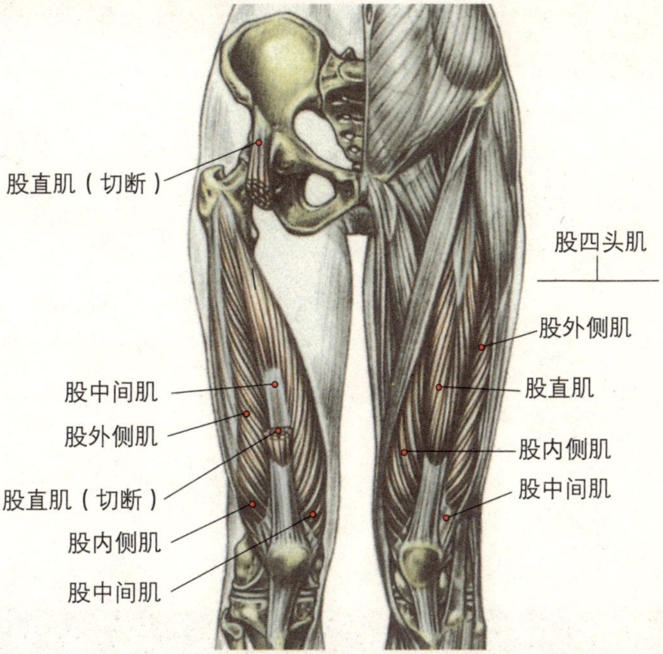

问题2：A、D.

注意，答案的关键点：除了股直肌的作用比较复杂外，股四头肌的其他三个头的作用都相对简单。股直肌作为多关节肌，可以控制髋关节的弯曲。

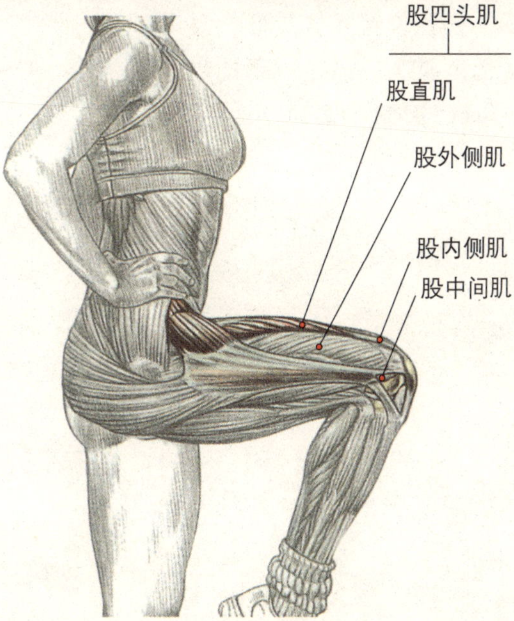

问题3：D.

⚠ **注意，答案的关键点**：在进行深蹲训练时，腿和躯干的长度比例会对身体直立能力产生影响。腿越短，身体前倾的角度则越小，这种情况下肌肉训练更容易取得成效，也可以降低背部受伤的概率。

身体结构的个体差异决定在深蹲训练中躯干前屈的角度。

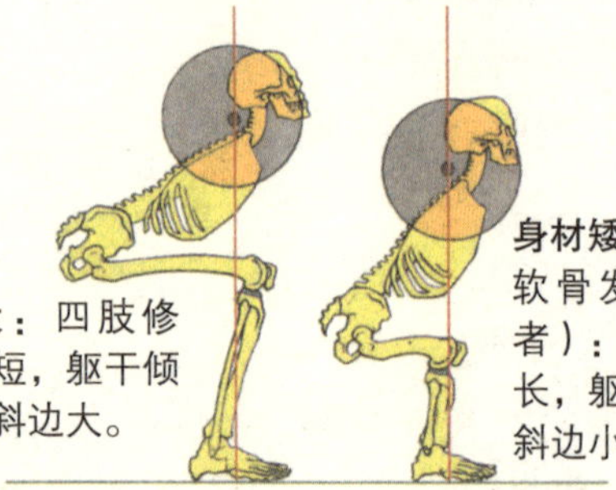

问题4：A、C.

⚠ **注意，答案的关键点**：这是一种不太理想的运动场景。在这种情形下，杠铃位置降得越低，身体前倾的幅度越大，越可以带动起腰部肌肉和臀部肌肉的活动。

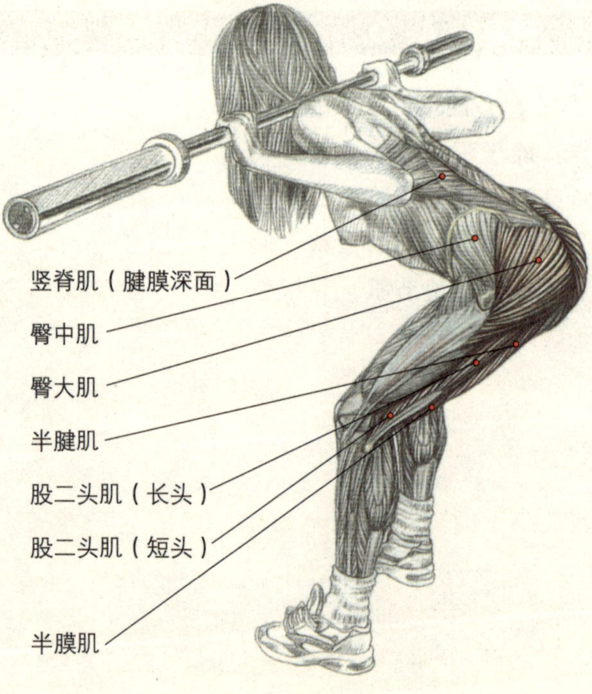

问题5：B.

⚠ **注意，答案的关键点**：这是一种比较理想的运动场景。可以通过运动较好地锻炼股四头肌。因为在这种情形下，训练者更易保持上身直立，可以对腿部肌肉进行很好训练，特别是股四头肌。

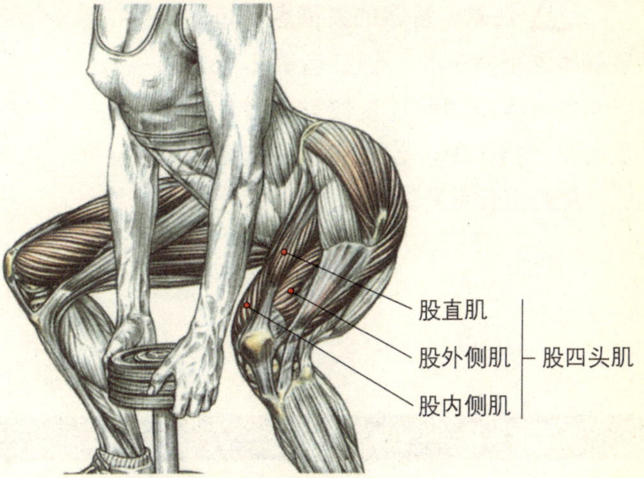

问题6：A、D.

⚠ **注意，答案的关键点**：哈克深蹲训练解决了身体平衡的问题。在训练时，无须上身前倾，可以保持平衡；而在深蹲训练中，若股骨较长，则身体的平衡就成了不确定的危险因素。

腿屈伸训练是个孤立训练项目，它可以解决由腿长/身长比所引起的训练问题。

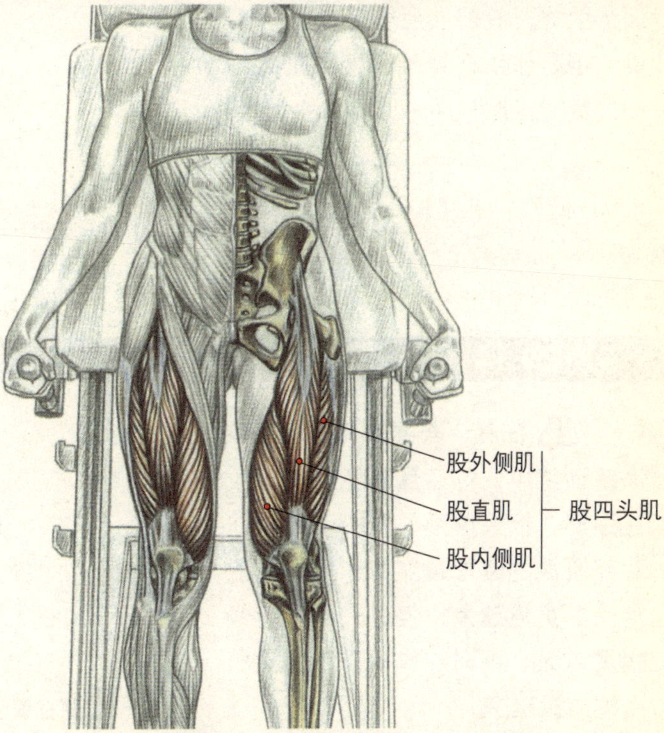

问题7：B.

⚠ **注意，答案的关键点：**如果脚跟加上楔形垫，训练者确实可以避免上半身向前过度倾斜，并且更容易保持平衡。但与穿平底鞋相比，膝盖也会承受更多压力。

传统水平下蹲

问题8：B.

⚠ **注意，答案的关键点：**在训练中，如果脚跟垫高，只对上身倾斜幅度产生作用。在这种状态下训练肌肉，股四头肌会承受更多力量，但是作用在臀肌和腰部肌肉上的力量则会变小。

普通深蹲与脚跟垫高、杠铃位置靠下深蹲的比较
（同作用于身材修长者）

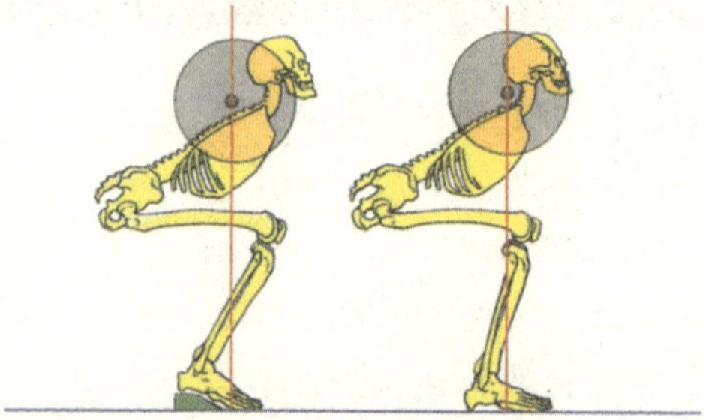

低杠位：脚跟垫高（力量举式）　**高杠位：**脚底平坦（经典式）

问题9：A、C.

⚠ **注意，答案的关键点：**在深蹲训练中，应尽量避免将杠铃放在颈部，以保护颈部肌肉。杠铃在背部所放的位置越靠下，人体所能承受的负重越大；但是，身体前倾幅度越大，则训练作用于股四头肌上的力量越小。

两种握杠方式

将杠置于斜方肌上　将杠置于三角肌和斜方肌上，力量举式

问题10：C.

⚠ **注意，答案的关键点**：不科学地屏住呼吸会对身体造成严重损失，特别对于患有心脑血管疾病的人。所以，在进行这项运动前有必要做一下体检，在身体条件允许的情况下才可以进行。

对于运动员，运动强度越大，越有必要掌握正确的呼吸方法。屏住呼吸能够：

——得到更大的力量（当人们屏住呼吸时，肌肉力量会发挥到最大）；

——规避力量较弱的时刻（当人们吸气的时候，肌肉力量处于最弱状态）。

——屏住呼吸的时间不宜过长，因此应该把它用在运动最关键的时刻，随后即可稍微放松呼吸。

问题11：D.

⚠ **注意，答案的关键点**：对于患有膝反屈疾病（腿向后弯曲）的女性，不建议在训练中完全把腿伸直。如果双腿伸得过直，可能会使身体的负重转移到膝盖，对身体造成严重损害。

对患有膝反屈疾病的男性同样如此。对于大多数人而言，可以根据自己的意愿随意选择腿部动作。

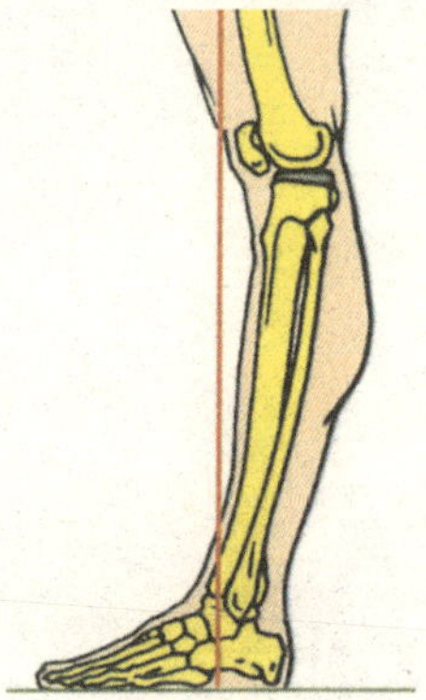

膝反屈：会增加半月板刺痛的危险性

问题12：B.

⚠ **注意，答案的关键点**：股直肌是双关节肌，所以上身前倾幅度越大，股直肌则会越放松，而这种情况会阻碍肌肉的发育。相反，若上身后倾会带动股直肌拉伸，从而使其更易连接膝盖。当然与此同时，还要尽量保持上身挺直。

问题13：A、C.

⚠ **注意，答案的关键点**：小腿三头肌（或小腿肌群）由三部分组成：

——腓肠肌外侧头，位于小腿外侧；

——腓肠肌内侧头，位于小腿内侧；

——比目鱼肌，完全被腓肠肌所覆盖。

腓肠肌是多关节头肌肉，对所有小腿三头肌训练都起着至关重要的作用：

——由于比目鱼肌是单关节头肌肉，所有小腿三头肌练习，无论小腿是伸直还是弯曲，这块肌肉都会参与。

——腓肠肌只有当小腿伸直或差不多伸直的情况下，才会参与。

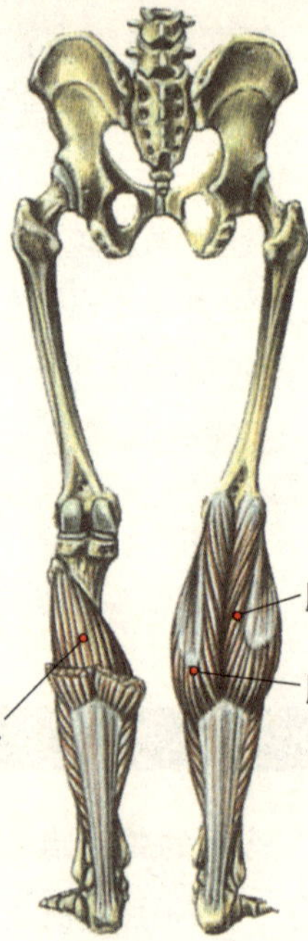

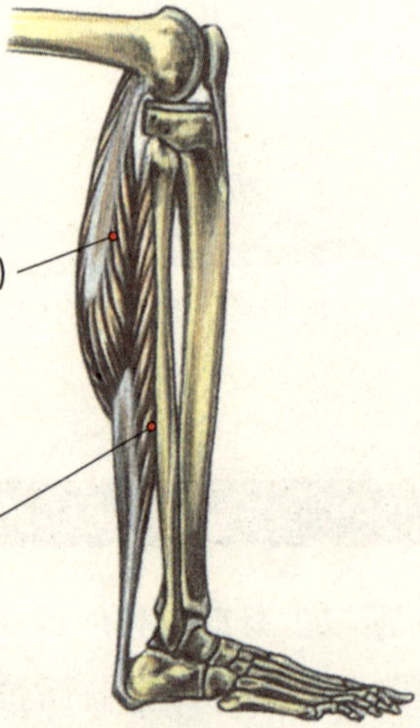

腓肠肌上端连接膝关节，当膝盖弯曲时，肌肉处于放松状态。在这种姿势下，它只参与伸脚动作，且作用不大，发挥主要作用的还是比目鱼肌。

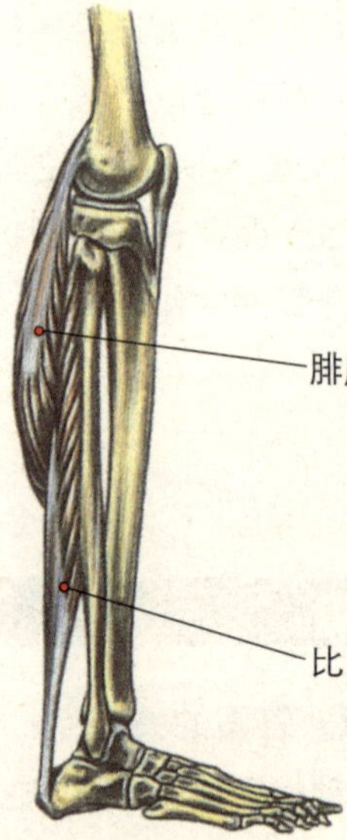

与左图相反，当膝关节伸直时，腓肠肌便伸展开来。在这种姿势下，腓肠肌会充分参与到伸脚的动作中，与比目鱼肌共同完成动作。

问题14：A、C、D.

注意，答案的关键点：伸脚动作由腓肠肌和比目鱼肌共同完成。而且腓肠肌还可以与腘绳肌发生协同作用，共同完成伸小腿的动作。

胫骨前肌保证了抬脚动作的完成。

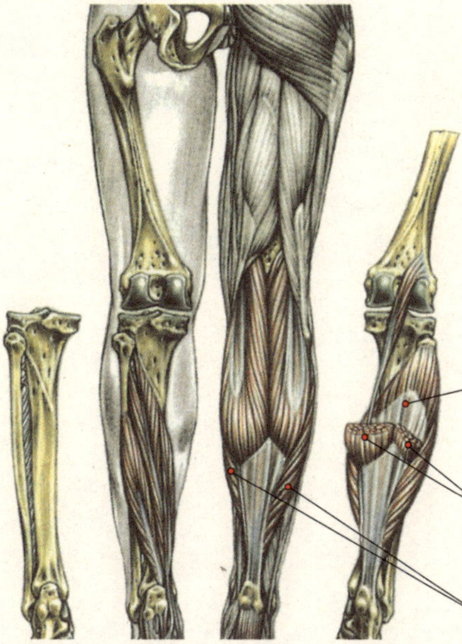

问题15：D.

注意，答案的关键点：如果脚踝过度扭动，则容易损害连接腓骨长肌和腓骨短肌的肌腱韧带。为了避免损伤的发生：

——在全力投入训练前，应针对脚踝进行热身运动；

——做肌肉伸展运动操，以保持其柔韧性。

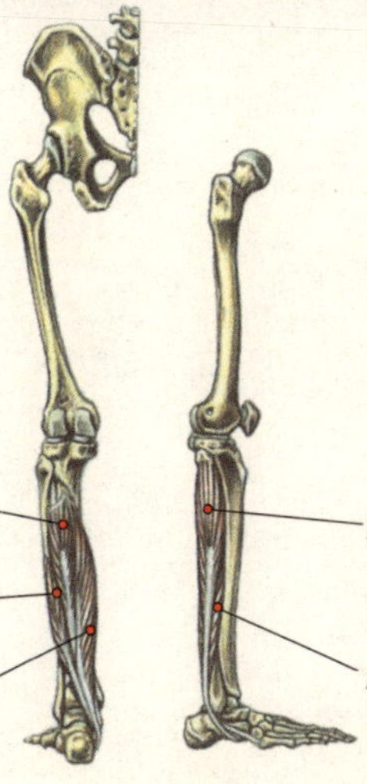

图书在版编目 (CIP) 数据

健美肌肉功能图解 /［法］德拉威尔，［法］甘地编著；赵静译．—济南：山东科学技术出版社，2014
（德拉威尔健身系列丛书）
ISBN 978-7-5331-7270-1

Ⅰ.①健… Ⅱ.①德… ②甘… ③赵… Ⅲ.①健美运动—图解 Ⅳ.① G883-64

中国版本图书馆 CIP 数据核字（2014）第 033339 号

通过图片以及问答形式详解德拉威尔训练法

健美肌肉功能图解

适用于教练员、运动员
以及其他从事体育及健康工作的专业人士

［法］FRÉDÉRIC DELAVIER · MICHAEL GUNDILL 编著
赵 静 译

出版者：山东科学技术出版社
地址：济南市玉函路16号
邮编：250002 电话：(0531)82098088
网址：www.lkj.com.cn
电子邮件：sdkj@sdpress.com.cn
发行者：山东科学技术出版社
地址：济南市玉函路16号
邮编：250002 电话：(0531)82098071
印刷者：济南新先锋彩印有限公司
地址：济南市工业北路182-6号
邮编：250101 电话：(0531)88619328

开本：787 mm×1092 mm 1/16
印张：9
版次：2014 年 4 月第 1 版第 1 次印刷

ISBN 978-7-5331-7270-1
定价：55.00 元